U0107186

叔本华系列

叔本华科学随笔

[德] 叔本华　著
Arthur Schopenhauer

韦启昌　译

上海人民出版社

译者序

　　《叔本华科学随笔》里面的文章选自德国哲学家阿图尔·叔本华（1788—1860）的《附录和补遗》与《作为意欲和表象的世界》第2卷。叔本华一直都出奇地默默无闻、很不得志，在他去世前几年才突然获得了名声。而迅速带给他名声的恰恰就包括这部集子里面的文章。

　　在叔本华获得名声之前长达六十多年的沉寂时期，叔本华从来不曾怀疑过自己的天赋使命。从早年起，他就随时把自己的所思记录下来，并整理成著作。在《作为意欲和表象的世界》一书的序言里，他说"真理是我唯一的指路星辰"。他的特质，就是对最根本的问题一究到底，现象中细微和深藏的意义与各种现象之间的关系难逃思想家如炬的目光。虽说常人对他的著作不感兴趣，在他眼里是正常的事情，但半个世纪过去仍然没能得到德国知识界的注意，却也是让人费解的事情。同样，他后来突然名声大振，也耐人寻味。正是叔本华的这些亲身经历，让这位思想家对命运及其运作深感兴趣。事实就是叔本华是位语言大师，他的思想深刻、清澈，文字直白、简明、流畅。叔本华在进行思想推论时，个中环节可谓丝丝入扣，没有丝毫的牵强附会。虽然叔本华的眼睛穿透了表面假象，但他所注视的永远是这现实的大自然。加上叔本华精妙的比喻，各种现象下的同一道理就都异常清楚地揭示出来。叔本华对以往思想家们的旁征博引，更加证实了这表面上复杂的现实现象，其实是统一的、和谐的，因为有思想的人虽然出自不同的角度，看到了不同的层面和侧面，但都是彼此相应、吻合的。叔本华这些既严谨又不枯燥、既冷静又不乏想象力、既意蕴丰富又文字质朴的思想作品，本应马上就给心有灵犀、若有所感的读者以震撼。

叔本华虽然成名很晚，但他的巨作却完成得很早。叔本华在 25 岁的时候就发表了他的《论充足理性原则的四重根》。这一著作至今仍是认识论的名篇。1818 年，他完成了主要著作《作为意欲和表象的世界》第 1 卷，时年才 30 岁。这部著作构成了叔本华哲学的核心，讨论了认识论、自然哲学、美学和伦理学。就像德国作家托马斯·曼所说的，整部著作犹如一部交响乐。意欲构成了这个世界的内核，是这部著作乃至叔本华哲学的核心观点。在论证此观点时，涉及和涵括了大自然物理世界的各种现象和人的精神现象，从开始到结束，层层深入，首尾衔接，互为呼应而自成一体。但这部著作首版发行时，几乎无人问津，所印刷的五百本几乎全部放在仓库里。

但叔本华可是遵循着自己的命运，在接下来的孤独岁月中，接连写下了《论自然界的意欲》《论意欲的自由》《论道德的基础》——后两本著作在 1841 年合在一起出版，名为

《伦理学的两个根本问题》。到 1844 年，叔本华已经写下更多的论述以补充《作为意欲和表象的世界》第 1 卷的观点。他希望出版商能够把扩充了内容的《作为意欲和表象的世界》（两卷本）再版发行。最后出版商很不情愿地出版了两卷本《作为意欲和表象的世界》。但这回仍然没有引起多大的回应。

在这之后，叔本华穷六年之功，把长时间以来写下的散论和文稿做了梳理和增删，合为两册，冠以《附录和补遗》之名，在 1851 年由柏林 A. W. 海因出版社（Verlag A. W. Hayn）出版。

在为《附录和补遗》所写的序言草稿里有这样一句话："我不想再拖延出版这部分量稍逊的著作，因为根据大自然的步伐，我生命的终点，或更准确地说我生命的开始，不会很远了。"叔本华就此一飞冲天，名声一发不可收拾，与过去几十年的寂寂无闻同样让人难以理解。所以，当时叔本华突然迫不及待地发表此著作，是冥冥中的势所必然，这让叔本华感觉到了。此外，叔本华一生中的精华，他对人类的独特和卓越的贡献，亦即他的思想著作及其影响，确确实实是"他的生命"，果如他所言"开始"了。

叔本华作为思想家，其见人所不见的洞察力表现在他的著作中。他在众多的表面现象中总能看到个中隐藏很深的真实和本质信息。叔本华透过表面现象的这种近乎"透视"能力和极其深刻的洞察，例如，表现在本书"论精神失常""种属的生命"中，也让心理学大师弗洛伊德这样评论："关于人的无意识内心活动的假设和思想对于科学和生活意味着多么重大的影响——对此很少人是清楚的。但我们必须赶紧补充这一点：并不是精神分析学派首先迈出了这一大步。著名的哲学家是这方面的先行者，尤其是伟大的思想家叔本华——他的无意识的意欲就几乎等同于精神分析学的心理欲望和内驱力。另外，这个思想家用印象深刻、令人难忘的语言提醒人们注意到性的欲望所具有的、一直以来受到人们低估的含义。"

叔本华也曾这样描绘过他的思想巨作（乃至这自然界中一切真正巨作）形成的部分奥秘：

在我手下，更准确地说在我的脑海里，一部著作正在形成，是伦理学和形而上学合一的哲学：这两个分支在之前被人们错误地分开，一如人被错误地分开为灵魂和身体两部分。这著作在那里生成，各部分在逐渐和慢慢地成形，就像子宫中的胎儿。我感觉到了一个器官、一条血管、一个部分接着一个部分。我就信手写下了每一个句子，并不担心这些句子将如何切入那整体当中，因为我知道这些都出自同一个源头。所以，那是一个有机体在那生成，它独自就可成活。——我爱我的著作就像母亲爱她的孩子。

有趣的一点就是，叔本华之前经常赞扬英国人是欧洲最有判断力、智力最高的民族。叔本华本人也选择住在英国人多的地方，每天看的也是英国的《泰晤士报》。就好像上天要以实例证明和回报叔本华的判断，一个英国学者慧眼识珠——正是他发表在英国杂志上赞扬叔本华的文章，启动了叔本华突然狂飙的名声。叔本华多年来的苦涩、忧心（担忧其最宝贵的思想将会在无人理会中湮没）和失望，乃至绝望，似乎一夜间得到了补偿。一个几乎毕生宣讲人生悲剧性的哲学家，有了一个戏剧性的喜剧结尾。

叔本华说，"一个人的著作是这一个人的思想精华"，而叔本华所信奉的格言则是"认真阅读真正的古老作品，今人对其的评论并没有太多的意义"。所以，要真正精确、完整地了解思想家叔本华的所想，就要细读他的著作，舍此别无他途。因为叔本华已经用最简练、最精准的文字表达了他最独特、最深刻和最有价值的思想。

但假如某些读者仍然想要先读上三言两语的"介绍"以大概了解一下叔本华哲学的特点，无论是内容还是文字，那最好的"捷径"——如果真还有这样的"捷径"的话——并不是凡人对叔本华哲学这样或那样的评价，而是叔本华对他自己哲学的概括。下面的部分摘引可说是叔本华及其哲学的"白画像"，这些重要的评论主要出自《作为意欲和表象的世界》第 2 卷。

很少有某一哲学体系像我的哲学那样简朴和由为数不多的元素组成，因此可以很容易地统揽和把握。这归根到底因为其基本思想是完美一体和协调的。并且，这也是真理的很好标志，因为真理的确是与简朴相关的，"谁要是有真理要说出来，那他就会言简意赅"（欧里庇得斯语）。"简朴是真理的印记"。我的哲学体系可被形容为"在经验和知识范围之内的学说"，因为这里面的原理虽然是教条似的，但却不会超出我们所经验的世界，只是解释了这世界是什么，因为我的哲学剖析了这个世界及其最根本的组成部分。

我的命题大部分都并非建基于连环推导，而是直接以直观世界本身为基础；我的体系严格地前后连贯一致，一如任何其他体系，但我的这种连贯一致通常并不只是通过逻辑的途径而获得。更准确地说，我的各个命题之间那种自然的协调一致是不可避免的，因为全部命题都是以直观认识为基础的，亦即以对同一个客体持续地、从不同方面直观地把握为基础；因此也就是在考虑到意识的情况下（因为现实世界就显现在意识里），以对现实世界所有现象的直观把握为基础。所以，我从不担心我的命题之间是否连贯一致，就算有时候在一段时间里，在我看来某些命题似乎并不一致。这是因为只要那些命题是全部一起到来的，之后的确就会自动出现协调一致，因为这些协调一致恰恰就是现实自身的协调一致，而现实自身是永远协调一致的。这就类似于我们有时候在首次和从某一个方向观看一处建筑物时，并不会明白这个建筑物各部分之间的关联。但我们相信这之间不会没有关联的，只要绕过了这部分建筑，其中的关联就会显现出来。这种协调一致，由于其原初性，也因为其总是经受得住实际经验的检验，所以是相当确切的。

我的哲学议论的特色就是要对事情一究到底，因为我不穷追到最终的现实根由是不会罢休的。这是我的天性所致，让我满足于某些泛泛的、抽象的，因此是不确定的知识，或满足于纯粹只是概念，甚至只是字词，对我是几乎不可能的。受这种天性的驱使，我会深究至所有概念和命题的最终基础，直到这些永远是直观的东西赤裸裸地呈现在我的眼前为止。然后，我就要么以这些作为所要审视的最原初的现象，要么如果可能的话，就把这些原初现象分解为基本组成部分，但不管怎么样，我都最大限度地追求事情的本质。因此，将来有朝一日（当然不是现在，不是在我还活着的时候）人们就会发现，我之前的随便一位哲学家在处理同样的对象物时，一旦与我相比都会显得肤浅。因此，人类从我这学到了很多永远也不会忘记的东西，我的著作永远不会湮没。

我受过很多批评，说我在哲学里，因此也就是在理论上，把生活表现为可悲的、可怜的，一点都不值得羡慕。但谁要是在实际生活中至为明确地表现出对生的蔑视，那他就会得到人们的赞扬，甚至敬佩，而谁要是战战兢兢地细心呵护这一生，他就会受人鄙视。

在我初涉人生之时，我的守护神就已经要我做出选择：要么认识真理，但却无法以此取悦任何人；要么与其他人一道教授错误的东西，但却被赞誉和学生簇拥着。对我来说，做出选择并不困难。

在这本集子里面，读者可看到叔本华在讨论科学问题时与一般科学家的异同。简言之，叔本华并不只是满足于阐述现象与现象之间的关系，就像科学家所做的那样。叔本华作为哲学家，在审视这一世界的现象时，就正如他所说的（《作为意欲和表象的世界》第1卷）："对这世界的真正哲学的考察方式，亦即那教导我们认识这世界的内在本质并引导我超越这现象之外的方式，恰恰就是并非探询从哪里来、到哪里去和为什么，而是时时处处就只探询这世界是什么，亦即在探询事物时，不是探询那某一关系，不是那在形成中的和正在消逝的事物，不是根据其四种根据律之一种形态，而是反过来：其探询的对象，就是（……）那在所有的关系中显现的，但本身却不会受这些关系摆布、始终是同一样的世界本质。（……）哲学和艺术，就由此认识而来。"但在《作为意欲和表象的世界》第2卷中，他补充说，

我的哲学并没有妄称从这世界存在的最终原因解释了这世界；相反，我的哲学只停留在每个人都接触到的外在和内在经验事实，说明了这些事实之间真正的和最深的关联，但却又不会真的超越这些事实而说起某些外在世界的事情及其与这世界的关系。因此，我的哲学不会对超然于所有可能的经验之外的事情得出结论，而只是对在外在世界和自我意识中已有、已知的东西给予解释；因而也就是满足于根据这世界与其自身的内在关联而理解这一世界。所以，我的这哲学是康德意义上的内在的、固有的（在经验和知识范围之内）。

在了解了哲学与科学的区别以后，仔细阅读叔本华对自然科学的题材的论述，例如，物质、思考与实验的关系、排斥力和吸引力、光和热，还有对疾病和治疗的理解，以及人和宇宙的起源假设等，都无一不以其深刻、独到的见解让读者耳目一新。

最后需要说明的是，我所翻译的版本是德国莱比锡 Insel 出版社 1920 年出版的《叔本华全集》5 卷本（Sämmtliche Werke in fünf Bänden）中的第 2 卷和第 4 卷，由 Hans Henning 编辑。在翻译书中的拉丁文、希腊文、意大利文、西班牙文的引文时，我参考了德国 suhrkamp 袖珍书出版社的《叔本华全集》（Sämmtliche Werke in fünf Bänden）中对这些引文所附的德文译文，而叔本华的英文和法文引文，我则直接译出。

韦启昌

2020 年 7 月 18 日于澳大利亚悉尼

目录

论哲学和自然科学

70

大自然就是意欲——只要大自然是在自身之外察看自己。而采用这样察看的立场和角度的，必然是某一个体的智力。这智力也同样是意欲的产物。

71

我们不要像英国人那样，把大自然的作品，把动物循本能的巧夺天工视为上帝的智慧，而是要由此明白：所有通过表象媒介，亦即通过智力（哪怕这个智力已经发达至理性的高度）而成就的东西，一旦与直接发自意欲（作为自在之物）、并不需要通过表象以达成的东西相比，诸如与大自然的杰作相比，简直就是拙劣之作。这就是我的《论大自然的意欲》的论题。因此，我极力推荐读者阅读我的这一著作，在那里，读者可以读到我就我的理论中的真正焦点所作的最清晰的论述。

72

如果我们观察到大自然对于个体并不怎么关注，但对于保存种属却异常地操心，所用的手段就是那威力无比的性欲，还有那难以胜数的多余种子：对植物、鱼类、昆虫来说，那经常是随时以数十万以上的种子来取代一个个体——那么，我们就会假定：大自然要生产出个体固然是很容易的事情，但要创造出一个种属却极其困难。所以，我们从来没有看到有新的种属形成，就算那"自然发生"（亦称"原初发生"，即从无生命的物质中产生出生物）真发生了（这种事情是没有疑问的，尤其是那些体表寄生虫一类），那产生的也是些已知的种属。但现在居住在地球上的动物群中的极少数已经灭绝的动物种类，例如渡渡鸟，大自然却无法再度替代它们，虽然这些曾在大自然的计划里。因此，我们感到惊讶：我们的渴望成功地捉弄了大自然。

73

根据拉普拉斯的宇宙起源学说，太阳是由发光的扩展至海王星的原初雾霭所组成的。在这些发光的雾霭里面，化学的元素是不会实际存在的，而只是有可能地和潜在地存在。但把物质首次和原初地分开为氢和氧、硫和碳、氮、氯，等等，以及分为不同的、彼此相似的、但又截然分开的各种金属——这是首次弹拨了世界的基本和弦。

此外，我猜想所有的金属就是两种我们仍不认识的绝对元素的结合，而金属间也只是由于这两者的量的比例而有所差别，而金属的电阻也以此为基础，所根据的法则就类似于这一法则：在一种盐的根里面，氧与盐基的比例与其在同一种盐的酸里面的比例是相反的。假设我们真能把那些金属分解为成分，那我们很可能就可以造出它们。但现在门闩上得死死的。

74

没有什么哲学头脑的人还保留着古旧的、从根本上是错误的关于精神与物质相对立的观念。这些人包括所有没有学过康德哲学、因而就是大多数的外国人，还有许多今天在德国从事医学的人，等等。这些人是那样蛮有信心地以其问答手册的标准答案进行哲学探讨。尤其是这些人当中的黑格尔主义者，由于他们相当无知，且其哲学思维粗糙，所以就又拿出前康德时期的"精神与自然"的名称，以重新开始讨论精神与物质的对立。他们以一副天真无邪的样子，打着那一名称又端出了这一话题，就好像从来不曾出现过康德，我们也好像仍然戴着假发，在修剪了的矮树篱之间走来走去，因为我们就像莱布尼茨那样，在庄园住宅（《莱布尼茨》，埃尔德曼编，第 755 页）与公主、贵妇议论哲学，谈论"精神与自然"——"自然"就是那修剪整齐的矮树篱，而"精神"

被理解为假发下面的东西。在假设了精神与物质这错误的对立以后，就有了唯灵论者和唯物论者。唯物论者声称，物质经由其形式和混合产生出万物，因而也就产生了人的思维和意欲。对此说法，唯灵论者则是大喊大叫地反对。

但事实上，既没有精神也没有物质，在这世上有的却是许许多多的胡言和幻象。石头那不依不饶的重力恰如人脑的思维一样无法解释，我们也可以据此推论石头里面也有精神。因此，我想对这些争论者说的是，你们以为了解某种死物，亦即了解某种完全被动的和缺乏特性的物质，因为你们错误地以为真的明白了所有你们能够还原为机械作用（效果）的东西。但是，正如物理和化学的作用也是你们公认无法理解的——只要你们仍不知道如何把那些作用还原为机械作用——那同样，这些机械作用本身，亦即发自重力、不可穿透性、内聚力、坚硬、僵硬性、弹性、液体性等的外在展示，也就如同那些物理和化学作用一样的神秘，并的确就如人脑里的思想一样的神秘。既然物质可以往地面下落（你们不明白为什么是这样），那这个物质也可以思考（你们也不明白为什么是这样）。在机械学（力学）中真正纯粹和完全能够让人彻底明白的，并不会超出在每一解释中的纯数学部分，因而就只是局限在空间和时间的规定之内。但空间和时间两者及其整套法则，却是先验为我们所意识到的，所以，是我们认知的形式和唯独属于我们的想法和表象。因此，空间和时间上的限定和规定，从根本上是主观（主体）的，并不涉及纯粹客体之物，并不涉及独立于我们认知的自在之物本身。甚至在机械力学中，一旦我们走出纯粹数学之外，一旦我们走到那不可穿透性、重力，或者僵硬性，或者液体性，那在我们面前的外在展示就已经充满了神秘，其神秘性一如人的思维和意欲，因而也就是无法直接探究的东西，因为每一种自然力都是这样无法直接探究的东西。那现在你们所说的物质又在哪里呢？你们对物质认识和理解得如此真切，以至于你们想用物质来解释所有的一切，想把所有的一切都还原为物质！能够纯粹把握和完全透彻解释的，永远只是在数学方面，因为这植根于我们的主体，植根于我们的表象机制。一旦某种真正客体的东西出现，某种并不是先验就可明确规定的东西，那到最后也就马上变得无法探究。我们的感官和理解力所察看到的东西，完全就是表面的现象，根本就不曾触及事物真正的和内在的本质。这是康德想要说的意思。既然你们认为在人的头脑中有某一精神，就像"机器机关里跑出的神"，那就像我说过的，你们也就必须承认每一块石头有其精神。另一方面，既然你们那死的、纯粹被动的物质能够作为重力而发力，作为电力而吸引、排斥、进出火化，那这物质也可以作为脑浆而思想。一句话，既然我们可以给每一个所谓的精神配上物质，那也可以给每一个物质配上精神。这表明精神与物质对立起来是错误的。

因此，并不是笛卡尔把所有事物都分成精神和物质才是哲学上正确的，正确的做法是把事物分成意欲和表象，这种分法与笛卡尔的分法不是平行并进的。这是因为笛卡尔的做法把所有的一切都精神化了：一方面把完全真实和客体的东西、实体、物质等放到表象一类，另一方面则把每一现象中的自在本质归为意欲。

关于物质的想法和表象，其源头我首先在我的主要著作（即《作为意欲和表象的世界》，第 1 卷，第 9 页；第 3 版，第 10 页）里阐述了，然后在我的《论充足理由律的四重根》（第 2 版，第 21 节，第 77 页）中做了更清晰和精确的说明，也就是说，物质是承载所有质素和特性的客观之物，但这个承载者自身却又完全不具有质素和特性。在此我向读者提示这些，以便读者能牢牢记住这个崭新的、在我的哲学中极为关键的学说。这物质就只是客体化了的，亦即向外投射的、就因果律方面的智力功能本身，也就是客观化了的作用、效果，但却又没有其实质和方式的更细致的规定。所以，在客观理解这个物体世界的时候，智力就自己给出了这物体世界的所有形式，也就是时间、空间和因果律，也与此一并给出了物质的概念：物质就是在抽象中被思考的、没有质素特性也没有形状、并不会在实践经验中碰到的东西。但一旦智力通过这些形式并在这些形式中察觉到某一（永远只是发自感官的）现实的成分，亦即某一独立于他自己的认知形式的东西，某一并不显现为作用、效果，而是显现为某一特定的作用形式的东西，这就是智力所认定的实体，亦即定形的和有具体规定的物质，因而也就是独立于智力形式的东西，亦即某一完全客观的东西。但我们必须记住，实践经验中的物质在任何情况下也只是通过在其身上外现的力而显现出来，正如反过来，每一种力也永远只是作为藏在某一物质里的东西而为我们所知。这两者一起构成了经验的现实世界。但所有经验的现实东西都带有超验的观念性。在每一个这样的经验物体，亦即在每一现象中显现出来的自在之物本身，我已经证明就是意欲。如果现在我们再一次把这当作出发点，那么，正如我经常说过的，物质就只是可视的意欲，而不是意欲本身；因此，物质只属于我们想法、表象的形式和样式部分，而不属于自在之物。据此，我们必须把物质想象为不具有形式、不具有具体特性、绝对是惰性的和被动的；我们也只能在抽象中想象这样的物质，因为在经验里从来没有过不具有形式和不具有品质特性的物质。正如虽然只有一种物质出现在各种各样的形式和变故当中，但那仍然是同一样的物质；同样，那在所有现象中的意欲，归根到底也是同一样的意欲。客观上的物质也就是主观上的意欲。所有的自然科学都无法避免这一不足之处，即都唯一从客体（客观）的一面把握大自然，而对主体（主观）的一面漠不关心。但在主体的一面必然藏着关键的东西：这属于哲学的范围。

根据以上所述，对我们那受制于智力的形式，从一开始就只是为个体意欲服务，而不是要客观了解事物本质的智力而言，那万物所由出的东西必然显得就是物质，亦即现实的东西，填充时间和空间之物，在所有的质量和形式变化中持续坚持着，是一切直观的共同支撑基质——但这东西就其本身而言，却唯独是无法直观的。与此同时，物质本身到底是什么，首先和直接的就是一个没有定论的问题。那么，既然按照人们的理解，如此常用的"绝对"一词指的就是从来不曾形成，也从来不会消失，但一切存在的东西都由此组成和产生，那我们就不用到那些幻想出来的地方去寻找这"绝对"的东西；因为非常清楚：物质就完全符合所有这些要求。在康德表明了物体只是现象、其自在的本质却是无法认识的以后，我还是终于证明了这个本质与我们在自我意识中直接认识为意欲的东西是同一的。因此，我（《作为意欲和表象的世界》，第2卷，第24章）把物质表述为只是可视的意欲。还有就是，因为在我看来每一种自然力都是意欲的现象，所以，自然力不会不带有某一物质基质而出现，因此，自然力的外现也必然伴随着某一物质上的变化。这种情况让动物化学家李比希得出了这种说法：每一次的肌肉活动，甚至头脑中的每一次思考，都必然伴随着某一化学上的物质转化。但我们要永远记住，在另一方面，我们在实践经验中认识物质时，永远只是通过显现在物质上的自然力。物质恰恰只是这些总体上的自然力的显现，亦即在抽象中，在泛泛中的显现。就自身而言，物质就是可视的意欲。

75

那些每天都可见到的小规模的、完全是简单的作用和效果，一旦我们有机会目睹其大规模地发生，那所展现的情景就是全新、有趣和具有启发意义的，因为只有目睹那些情景，我们才会对显现出来的自然力有了相称的表象认识。这方面的例子就是月食、冲天的大火、气势宏大的瀑布，在圣费里尔山间开凿运河水道，以把水转移到朗格多克运河；在冰融河水上涨的时候，那些拥挤成一堆堆互相碰撞的冰块；还有大船从船台上下水，甚至在拖船时人们所看到的一条大概 200 德国尺长、绷得紧紧的大粗缆绳，几乎瞬间整条被拉出水面时的情形。如果我们能够直接观照引力的作用，一览无余地观照其在天体间恢宏的活动和效果，亲眼见到：

它们如何追逐戏玩
那充满吸引力的目标。

——席勒：《世界之大》

那将是怎样的情景！因为对地球引力，我们只能极其片面地直观认知，例如只是了解了地球上的重力。

76

实践经验在狭隘的意义上就是知识只停留在作用和效果的层面，而无法深入其根源。要应付实际需要的话，这经常就足够了，例如在治疗学方面。一方面是谢林学派的那些自然哲学家的滑稽胡言，另一方面是经验主义的进步，造成了现在许多人对体系啊、理论什么的敬而远之，以致人们以为全凭一双手、不用动脑子就会取得物理学的进步，所以，人们最喜欢只是埋头做实验，而不用在这个过程中开动脑筋。他们误以为他们的物理或化学仪器和装置会代替他们思考，会用纯粹实验的语言把真理说出来。为此目的，现在是实验无限地叠加，在实验中的各种条件也一样叠加，以至于所做的是至为复杂、相当纷乱棘手的实验。也就是说，做这样的实验永远不会得到纯粹和明确的结果，而只是向大自然用上了大拇指螺丝刀，以强迫大自然开口说话。但真正的、自为思考的探究者，却把自己的实验设计得尽可能的简单，以真正地听到大自然的清晰发话，然后据此做出判断，因为大自然始终就只是证人。尤其可以证明上述论断的例子，就是在过去 20 年间，由法国人和德国人所处理的视觉光学中的载色和层色部分，包括生理颜色的理论。

总的来说，若想发现最重要的真理，并不是靠观察那些罕见的、隐藏的、只能经由实验而产生出来的现象，而是要观察公开摆在每一个人面前的、每一个人都可以接触到的现象。因此，我们的任务并不是要看到别人还没有看到的东西，而是要在每个人都可以看到的事情那里，想到没有人想到的东西。这也是为什么要成为一个哲学家，所需要的东西要比成为一个物理学家多得多。

77

对听觉来说，声音的高和低的差别是质的方面，但物理学却把这种差别归因为只是量的方面，亦即只是更快或更慢的振动；物理学就通过这样的方式，用机械的作用效果来解释一切。因此，在音乐方面，不仅是韵律的成分，节奏拍子，而且和声的成分，音调的高和低，都还原为运动，因而就是还原为时间的计量单位，还原为数字。

在此，类推给出了一个支持洛克自然观的有力的根据，亦即一切我们透过感官在物体上所察觉到的、作为物体的质（洛克所说的第二性质），本身不过就是量的差别而已，那也只是最小的部分的不可穿透性、大小、形式、静止、运动和数目所得出的结果，而洛克认为这些特质构成了唯一客观真实的东西，并因此命名为第一性质，亦即原初的性质。在声音方面，这些是完全可以证实的，因为在此实验可以允许增减，方式就是我们可以让长和粗的弦线振动，其缓慢的振动能够点算。但所有的性质都是这样的情形。所以，这实验首先应用到光的方面：光的作用效果和色彩就从某一完全是想象出来的以太的振动推导出来的，并且被相当精确地计算。这种极为离谱、丝毫不会脸红的吹牛皮和胡说八道，却尤其受到学术界的无知者的追捧，他们重复这些胡话时，带着如此小孩子般的自信，人们甚至会以为那些什么以太及其振动、原子等其他乱七八糟的东西，是他们亲眼见过、亲手摸过的。由此观点会得出有利于原子论的结论，而原子论在法国尤其占据着统治地位，但在德国，在获得了贝采里乌斯的化学计量学的支持以后，也得以蔓延和扩散（普耶，《实验物理学和气象学的元素》，1，第23页）。在此，要详尽地驳斥原子学说是没必要的，因为那顶多只是某一未经证实的假说而已。

一个原子，无论其多么的小，也永远是一个不间断的连续统一体。假如你们能够把这样的东西想象为小的，那为何就不能想象为大的呢？但那原子，目的又是什么呢？

化学的原子就只是表达出物质间结合的固定不变的比例关系。因为这种表达必须以数字给出，所以，人们就以某一随意定下的单位，即每一物质用以结合的某一定量的氧的重量，作为这些数字的基础。对于这些重量比例，人们极其不幸地采用了原子这一古老的表述。由此，经那些法国化学家之手，就产生了粗糙的原子学说，而那些化学家除了他们的化学以外，并不曾学到过任何其他的东西。这原子学说相当严肃地对待其原子，把用以计算的筹码一般的东西实体化为真正的原子，然后，完全就是德谟克利特的那种方式，大谈这个物体里面是这样的原子安排，而那个物体里面又是那样的原子安排，以解释那些实体的质量和差别。而这些谈论者丝毫都不曾感觉到这事情的荒谬之处。不言自明，在德国，也不乏无知的药剂师，他们也是"装饰了讲台"的人，跟着那些化学家的步子。如果这些人在课本纲要中，以十足教条和严肃的方式向学生们陈述，就好像他们的确是知道一点所说的东西，"物体的水晶形式，其基础就是原子的直线布置"（沃勒，《化学概要》，第3页），那也是不奇怪的。但这些人说的却是与康德同一样的语言，并且从青年时代起就听到人们毕恭毕敬说起康德的名字。但他们却从来不曾读过康德的著作。结果就是他们只能炮制出这些丑恶的闹剧。如果有人把《自然科学的形而上学基础》精准地翻译出来，以治疗他们退回到德谟克利特理论的毛病——如果这仍有可能的话——那就是为那些法国人做了件大好事。人们甚至可以补充谢林的《自然哲学的观念》中的几个段落，例如第 2 部第 3 和 5 章以作说明，因为在此一如其他别处，谢林只要是站在康德的肩上，就会说出很多不错的和值得记在心上的东西。

只是思考而不做实验会引向何方，中世纪已经显示给了我们，但这个世纪确定是要让我们看到只是实验而不做思考又将引向何方，以及青年教育如果只是局限于物理学和化学，会得出什么样的结果。只能从法国人和英国人一直以来对康德哲学的完全无知，从德国人自黑格尔的愚民进程以来对康德哲学的疏忽和忘记，才能解释当今的机械物理学为何粗糙至让人难以置信的程度。这机械物理学的学生们想把更高级的一类自然力、光、热、电、化学过程等还原为运动、碰撞、压力的法则，还原为几何形态，即他们所想象的原子。这些原子，他们通常都只是羞怯地冠上"分子"之名，正如他们也是出于羞怯而不敢把那些解释套用于重力。对重力，他们也是以笛卡尔的方式还原为某一碰撞和冲击。这样的话，在这世界上，除了碰撞和反碰撞以外，就别无其他了，这些就是他们唯一所能理解的。他们谈论空气中的分子，或者空气中氧气的分子时，是很让人开心的。因此，对他们而言，那三种聚合状态，就只是某一细腻的、更细腻的和再加更细腻的粉末。这就是他们所理解的。这些人实验得太多、思考得太少，所以是至为粗糙的一类现实主义者。他们把物质和碰撞法则视为绝对既定的东西，是可以彻底理解的东西，因此，还原为这些东西，对于他们似乎就是一个可以完全让人满意的解释。但事实上，物质的那些机械性质如同以这些性质作解释的那些东西，都是一样的充满神秘。所以，例如，我们对内聚性的理解，并没有比对光或电的理解多。实验中许多手工操作使我们的物理学家的确荒废了思考和阅读。他们忘记了：实验是永远不会提供真理的，而只是提供了资料以找出真理。与这些物理学者相似的还有生理学家：它们否认生命力，想要以化学力取而代之。

在他们看来，一个原子并不只是某一丁点的没有细孔的物质，而是——因为原子必然是不可分的——要么是没有广延性的（但这样，它就不会是物质了），要么就是具备了绝对的，亦即最强的内聚和黏合其各个部分的力。在此，我推荐大家参见我在主要著作第2卷第23章第305页（第3版，第344页）就这方面的议论。再者，如果要在本来意义上理解化学原子，亦即理解那客观的、真实存在的原子，那从根本上就不会再有真正的化学组合了，每一种这样的化学组合就都会被还原为由不同的、永远都是保持分开的原子组成的某一细腻的混合。但一个化学组合的真正特征恰恰就在于这个化学组合的产物是一个完全同质、均一的物体，亦即在这一物体里，并不会找到某一哪怕是最无穷小的部分是不包含组合在一起的两种物质。也正因此，水与氢氧爆鸣气有着天壤之别，因为水是氢氧两种物质的化学结合，而在氢氧爆鸣气中，氢和氧只是细微的混合和并存。氢氧爆鸣气就只是一个混合体。人们只要点火，那可怕的爆炸伴随着极强的光和热，就宣告了这是一个巨大的、全面的转化，涉及那混合体中的两个组成部分最内在的东西。事实上，我们马上就发现那转化的结果就是某样与那两个组成部分从根本上和在各个方面都不一样的，但又是完完全全同一、均质的实体物质：水。因此，我们就看到：这里所发生的改变是与宣告这改变的大自然精灵的暴动相吻合的，也就是说，那氢氧爆鸣气的两个组成部分在完全给出了自己独特的、彼此对立的本质以后，两者又互相完全穿透，现在就只显现出一种绝对同一的、均质的实体：就算在其可能的最小的部分，那两个组成部分也是永不分离地联合在了一起，以致其中一部分是不会单独在实体中找得到的。这就是为什么这是一个化学的而不是机械性的变化过程。这样的话，又如何可能与我们的当代德谟克利特一道，对所发生的事情罗列出这样的解释：之前无序散布的原子，现在是各就各位、队列整齐，一双一对的，或者毋宁说，由于它们的数目极不相等，所以，现在围绕一个氢原子就组合了排列有序的九个氧原子，这是与生俱来的和无法解释的策略所致。据此，那爆炸就只是击鼓，要原子们"各就各位"，因此，那些大的噪声也没有什么，小题大做而已。所以，我说了，这些就是胡闹，一如振动的以太，以及留基伯、德谟克利特、笛卡尔的所有机械的和原子的物理学及其笨拙的解释。只懂得给大自然上老虎凳逼供是不够的，在其发话的时候，我们还需要能够听得懂。但在这方面却是能力欠佳。

但总的来说，如果有原子的话，那原子就必须是无差别和无特性的，因此也就是没有硫原子、铁原子等，而只有物质原子，因为差别会破坏了简单，例如，铁原子就必然包含了某些硫原子没有的东西，因此就不是简单的，而是组合而成的；而质的变化总的来说，其发生不会不伴随着量的变化。所以，如果原子是可能的话，那原子就只能被想象为绝对的或者抽象的物质的最终组成部分，而不是特定材料的最终组成部分。

上述把化学组合还原为相当精微的原子混合的做法，当然助长了法国人要把一切都还原为机械过程的疯狂和顽固的想法，但却无助于真理。为维护真理，我提醒诸位奥肯（《论光和热》，第9页）说过的一句话：

在这宇宙里，任何事情，任何算是世界现象的事情，都不会是经由机械原理而成的。

根本上，也只有一种机械作用效果，那就是一个物体要侵入其他物体所占的空间：压和撞都可还原为这一点，而压和撞的差别就在于逐渐还是突然，虽然透过后者，那力就变"活"了。所有机械学所成就的都建基于此。拉只是表明上这样，例如，有人用绳子拉动一个物体时，也就是推动它，亦即从后面压它。但人们现在就想以机械学解释整个大自然：光在视网膜上的作用效果就在于时而缓慢、时而快速的机械性撞力。为此目的，他们还幻想出了一种据说可以碰撞的以太。与此同时，他们却看到在折弯一切的至为剧烈的风暴中，那光线却保持纹丝不动，就像幽灵一样。假如德国人能够尽量远离那备受称赞的经验主义及其手工劳作，假如学习康德的《自然科学的形而上学基础》，以便不仅一次性地清理那实验室，而且也清理干净头脑，那就好了。[1]

77（补充）

至于康德的排斥力和吸引力，我发现吸引力并不像排斥力那样消耗于和完结于其结果，亦即物质。这是因为排斥力的功能是不可穿透性，排斥力只有在某一外来物体试图进入既定物体的范围才会发挥作用，因此不会在这范围以外发挥作用。相比之下，吸引力的本性却不会因某一物体的界限而取消，所以，在超出既定物体的范围以外也能发挥作用。也就是说，否则的话，一旦物体的某一部分被分开了，这部分就马上不会再受到吸引力的作用。但吸引力却吸引一切物质，甚至从遥远的距离，因为它视一切都归属于一个物体，首先归属于这地球物体，然后是更多的其他。从这一观点出发，我们当然可以把重力也视为物质的先验可被认识的特质。但也只有在其部分的最紧密接触中，在我们称为内聚性

---

[1] 由于其素材的缘故，物理学相当频繁和不可避免地碰到形而上学的难题，但我们那些除了带电玩具、伏打电堆、青蛙后腿以外就一无所知的物理学家，对哲学的事情暴露出如此极度的、修鞋匠一般的无知，以及与无知通常结伴而来的狂妄。由于这种狂妄，他们对哲学家数千年来一直思考的难题（如物质、运动、变化）就像粗糙的农夫一样擅发哲学议论。所以，他们应该得到的回答，没有比这首讽刺小诗更好的了：可怜的经验主义魔鬼！/你根本不知道你自己的愚蠢。/啊，那可是先验的愚蠢呀！（参见席勒和歌德的短诗，博阿斯主编，第1部分，第121页）

当中，这吸引的力量才得以足够集中，以抵御那比它大百万计倍数的地球物体的吸引，让既定、分开的物体的部分不至于向着地球垂直地落下。但如果这物体的内聚性微弱的话，那这种事情就会发生：这物体就只是因为其各部分的重力缘故而破裂、剥落和掉下来了。但那内聚性本身，却是一种充满神秘的状态，我们也只能经由融合与凝固，或者分解和蒸发，亦即只有通过从液体的状态过渡到固体的状态，才能促成内聚性。

如果在绝对的空间（亦即除去所有的环境），两个物体以直线互相靠近，那我说 A 走向 B，或者 B 走向 A，从运动学看，那是同一回事，并没有差别。但从动力学看，促使运动起来的原因是对 A 还是对 B 正在或者曾经发挥作用，却是有差别的，因为根据此差别，我阻止 A 或者 B，那运动就会停止。

圆圈运动也是一样：从运动学看，（在绝对的空间里）是太阳绕着地球转抑或地球在自转，都是一回事；但从动力学看则有上述差别，并且还有这一点：在那自转的物体上，切线的力会与物体的内聚力发生冲突，也正是因为这种力，那圆圈运动的物体会飞走——假如不是有另一种力把这物体系于其运动的中心点的话。

78

化学分解就是通过亲和性克服了内聚力。两者都是隐藏的特质。

　　光就如重力一样，很难以机械性解释。人们开始的时候也同样试图用某种以太的碰撞解释。牛顿就提出了这样的假设，但他很快就放弃了。莱布尼茨并不承认引力，但他却很喜欢这一假设。在《未经编辑的作品和书信集》（由卡雷尔在1854年出版）中，莱布尼茨的一封信（第63页）证实了这一点。以太的发明者是笛卡尔，"欧拉把笛卡尔的以太应用在他的光的传播理论"，普拉特纳在他的论文《论生机》第17页说的。光毫无疑问与引力有着某种关联，但却是非直接的，是在某种反射的意义上而言；光是作为引力的绝对对立物。光是一种从根本上扩散出去的力，就如同引力是一种集结、收缩的力。两者始终都是直线产生作用。或许人们可以用比喻，称光就是引力的反射。物体是无法通过碰撞发挥作用的——假如这物体不重的话；而光是无法测重的，因此无法机械性地，亦即通过碰撞产生作用。与光最近似的，但从根本上却只是光的变形、变质，那就是热。热的本质可以首要用来说明光的本质。

　　热虽然与光一样，本身是不可测重的，但在这方面显现了某种物质性：热表现为长久存在的东西，可以从一个物体和地方转移到另一个物体和地方，并且要占据这另一物体和地方的话，就得撤离原先的地方。这样，在其离开了某一物体以后，我们就可以说出热到了哪里，并且也必然可在某个地方找到它，哪怕它只是处于潜伏的状态。所以，在此，热表现出来的就是某一长久存在的东西，亦即与物质一样的东西。虽然并没有什么物体是热绝对无法渗透的——以此热就可以被完全封闭起来——但我们看到，热是根据那不导热体具体不导热的程度而相应地或快或慢地逃跑。所以，我们对此用不着怀疑：某一绝对的不导热体可以永远地把热封存起来。当热处于潜伏状态时，尤其清晰地显示出热的长存性和实质性，因为热进入了一种状态——在那种状态中，热可以保存某一任意的时间；在那以后，又可以丝毫不减地作为自由的热而重现。热的潜藏和重现，无可争辩地证明了热所具有的物质性，并且既然热是光的某种变形、变质，所以，也就证明了光具有物质性。所以，那发散和放射理论体系是对的，或者更准确地说，是最接近真理的。热被正确地称为"无法测量的物质"。一句话，我们看到热虽然会转移，也可以潜藏起来，但却永远不会消失，我们在任何时候也都能说出这热变成了什么。只有在燃烧的时候，热才转化成光，并具备了光的性质和遵循光的法则。这种变形和变质，在舞台照明的灰光灯中尤其明显，而人们都知道，这种灰光灯就被用于氢氧显微镜。既然所有的恒星都是新热的永恒源泉，但现有的热又永远不会消失，而只是转移了，起码是潜伏了，正如我已指出的，那我们就可以推论：这世界总体上就会越来越热。这提出的问题我就搁在这里。因此，这样的热就始终显现为某一虽然无法测重、但却长久存在的定量。针对这样的观点，即热这一材料会与受热了的物体形成化学连结，那我们可以提出：两种材料彼此有着越多的同属关系，那就越难把这两者分开。但现在，很轻易受热的那些物体也会很轻易让热离开，例如金属体。而热在物体的潜藏，则更应该被视为热与这物体的真正的化学连结：所以，冰与热就给出了一种新的物体水。正因为热与这样的物体通过压倒性的同属关系而真正连结，所以，热就不会马上从这一物体转移到所靠近的另一物体，就像热从其只是依附的物体所做的那样。谁要是想把这用于如歌德的《亲和力》的那种比喻，那就可以说：一个忠实的女人与其丈夫的结合，就像潜伏的热与水的结合；而不忠实的恋人与这男人就只是像从外而飞至的热之于金属，只要没有更想要她的其他男人靠近，那她就仍是她的男人的。

我惊讶地发现，物理学家都是（或许没有例外的情形）把热容量（Wärmekapazität）与自身专有的热量（或称比热量）（spezifischer Wärme）视为同一样东西和同义词。但我却发现这两者是对立的。一个物体有越多自身专有的热（比热），就越少吸收传给它的热，反而马上就把这热再度传导出去，因此，这一物体的热容量也就越少。反之亦然。如果要把某一物体弄至某一级温度，这物体比其他另一物体需要得到更多从外传入的热，那这一物体就有着更大的热容，例如，亚麻籽油有水的一半的热容。要把 1 磅的水弄至列氏 60 度所需要的热，可以把 1 磅的冰融化——此时，热潜藏起来了。而亚麻籽油则只需这一半的热，就可达至列氏 60 度了，但因为亚麻籽油会再度把热传出去而降至列氏 0 度，所以，这热也只能融化半磅的冰。这就是为什么亚麻籽油会有比水多一倍的自身专有的热（比热），因此也只有水的一半的热容量，因为亚麻籽油只会把传送过来的热而不是自己专有的热再度传送出去。因此，一个物体有着越多专有的热，那这物体的热容量就越少，亦即更轻易赶走那传过来的、作用于温度计的热。为此目的所需而传给物体的热越多，那物体的热容量就越大，那物体自身的、专有的和无法转让的热就越少，据此物体就再度把转移过来的热传送出去；因此，1磅列氏60度热量的水会融化1磅的冰，在这期间，水就降至列氏0度。1磅列氏60度的亚麻籽油则只能融化1/2磅的冰。水比油有更多自身专有的热的说法是可笑的。一个物体有越多专有的热就越少需要外在的热以加热自身，但也越少把热给出来：快速冷却下来的也会快速地热起来。这件事情在托比亚斯·迈耶的《物理学》（§350）里面说得完全正确，甚至迈耶在§365也混淆了热容量与自身专有的热量，并把两者视为同一。只有当液体性的物体改变了其聚集态或物态，亦即在其冻结时，那物体才会失去其专有的热。所以，在流体物那里，那不过就是潜藏的热，但就算是固体物也有其专有的热。鲍姆格特纳则列举了铁屑的例子。

光并不显现出像热那样的物质性，更准确地说，光只有某种鬼魂的性质，因为其来去都不留踪影。光也只有在其产生的时候才会在那里，一旦光停止形成和展开，甚至就会停止发亮，就会消失，而我们却无法说出那光去了何方。我们有足够的不透光材质的容器，但我们却无法收起这光和再度把光放出来。至多是重晶石，以及某些钻石能留住光亮几分钟的时间。但最近的报道说，有一种紫色的萤石，只需暴露在太阳光线中几分钟的时间，就会在三到四个星期里保持发亮（参见奈曼，《化学》，1842）；也正因此，这萤石被命名为氯性或者火样的绿宝石。这让人想起有关红宝石的古老神话，顺便一说，这方面的所有笔记都汇编在《斐罗斯屈拉特著作》（奥利厄斯编，1709，第65页，笔记第14）。我补充这一点：在《沙恭达罗》（第2幕，威廉·琼斯译，第32页）也是提到过的，而最近和最详尽的报道则是在本韦努托·切利尼的《切利尼自传》（第2版，威尼斯，1829，第4个故事），这个缩减的版本也见之于他的《论工匠艺术和论雕塑》（米兰，1811，第30页）。但由于所有的萤石受热以后都发光，我们也就必然得出结论：这萤石轻易地把热转化为光，也因为这一理由，火样的绿宝石并没有像其他物体那样把光转化为热，好比不曾消化就再度把光交出来了，这也适用于重晶石和某些钻石。所以，只有在光落在了不透明的物体上，根据这物体的不透明度而相应转化为热，并且在取得了热的实体性后，我们才可以就这方面给出解释。但在另一方面，光的反射，在其遵循弹性物体的反弹规则时，却显示出某种物质性；在折射中也同样如此。在折射中，光也显露出意志，因为在对其开放的透明物体中，会优先选择更厚、没有那么透明的物体。[1]这是因为光放弃其笔直的路

---

[1] 某些细节上的调节，参见普耶著作，第2卷，第180页。

线，以便朝向有更多更厚透明物质的地方；所以，在从一个媒介到另一个媒介的进出过程中，光永远朝着最靠近的质量，或者朝着质量最密集的地方，亦即永远朝着这个方向争取。在凸面镜那里，最大质量的集结会在中间，亦即光在出来的时候是圆锥形的；在凹面镜里面，那最大的质量会在周围边缘集结，光在出来的时候会是漏斗一样。当光斜落在一个平面上，那在进和出集结的质量时，光总是转变其路线而朝向集结的质量，就好比是向这伸出了欢迎或者告别之手。在折射的时候，光也显现了对物质的倾向和争取。在反射的时候，光虽然是反弹了，但一部分透进去了，这是建基于所谓的光的极性。热的类似的意欲外现，尤其可以在其对良好和糟糕的导体的表现得到证明。要深究光的本质，唯一的希望就是探究在此谈及的光的素质特性，而不是沿袭机械论所设想的、与光的本质不相吻合的振动或者放射。那些有关光的分子的童话就更不用提了，那些极度古怪的东西出自法国人的定见，因为他们认为无论什么事情，最终都必然是机械性的，所有的一切都必然以那撞击和反撞击为基础。我觉得奇怪的是，他们为何还没说酸是由小钩和带小环的碱所组成的，所以它们才可达成如此坚固的结合。他们在骨子里仍然是笛卡尔。但每次都用机械性的解释是不可能的，日常可见的事实，即垂直的影像就已经清楚地表明这一点。也就是说，我站在镜子的面前，光线就从我的脸上垂直落到镜面上，从镜面上又沿原路返回到我的脸上。这两者的发生持续不间断，所以也是同步发生。如果这发生的是机械性的事情，那不管是振动还是放射，沿直线和各自从对立方向而来的光的摆动或流动（就像两个没有弹性的球，从彼此对立的方向，以同样的速度迎向对方）必然会彼此阻挡和取消，以致无法成像；或者它们会互相把对方压到一边去，一切都混乱起来。但我的影像却稳定、不动摇地就在那里。因此，这里发生的不是机械性的事情（参见《作为意欲和表象的世界》，第 2 卷，第 303、304 页；也见第 3 版，第 342 页）。但普遍的假设（普耶著作，第 2 卷，第 282 页）就是振动不是纵向的，而是横向的，亦即垂直朝着光线的方向发生；振动以及连带的光的印象不是从光所在的地点而来，而是在那跳舞，那振动骑着其光线，就像桑丘·潘沙坐着塞到他的胯下的木马——这马是任何马刺都无法策动的。正因此，他们就不说振动而喜欢说波了，因为他们与这说法相处得更好一些。但也只有没有弹性的和绝对可移动的东西，例如水，而不是某一绝对弹性之物，例如空气、以太，才会激打出波。的确，无法称量之物的无法称量的特性就已经排除了其作用所作的任何机械性解释：无法称出重量的东西也是无法撞击的；而无法撞击的东西是无法通过振动而发挥作用的。但人们广为宣传的那些完全是未经证明的、从根本上已经是错的、从空气（的确如此，亦即从音乐中的空气振动）中拿来的假想，即颜色取决于那（完全是假想中的）以太的不同摆动速度——其无知无畏，恰好证明绝大多数人都是完全没有判断力的。猴子模仿做出所见到的动作，人们则模仿说出他们所听到的话。

他们的"照射的热"正正就是光转化成热的过程中的中

间点，或者也可以说是蛹变时期。照射的热就是光放弃了作用于视网膜的特性，但却保留着其他特性——这可以比之于相当低度的低音弦或者管风琴声管仍可被看到在颤动，但已经不再发出声音，亦即不对耳朵起作用了——所以，光是以直线射出，穿越了若干物体，但也只有当其进入不透明的物体时，才会加热这些物体。法国人的方法，即通过堆砌条件使实验更复杂，可以增加实验的精确性和有助于其量化，但却增加了判断的难度，并的确扰乱了人们的判断，也对造成歌德所说的这一情况负有责任：对自然的理解和判断，完全没有与丰富了的事实和经验知识同步。

就透明的本质能够为我们提供最好资料的，或许是那些只在液体状态时才是透明的，而在固体状态时却是不透明的东西，类似这些东西就是蜡、鲸脑油、动物脂肪、牛油、燃油，等等。我们可以暂时这样解读这种事情：这些东西和所有固体物体所特有的争取成为液体状态的努力，就表现为与热的一种强烈的亲和性，亦即对热的爱，因为热是它们成为液体的唯一手段。所以，在固体状态时，这些物体就把所有落在它们那里的光马上转化为热，也就是保持不透明，直至成为液体为止。得到饱和的热以后，它们就为光放行了。[1]

---

[1] 我斗胆提出一个猜想，即从一件类似的事情或许可以解释一些司空见惯的现象：那洁白的铺路石板，一旦被雨水湿透了，就会显得深褐色，亦即不会反光，因为现在水一心要想蒸发，就把落在石板上的所有光都马上转化成热；而石板在干燥的时候却是反光的。但为何白色、擦亮的大理石在湿了以后，却不会变成深色，白色的瓷器也同样不会？

那些固体普遍都有要成为液体状态的渴望和争取，其最终原因或许就在于液体状态是一切生命的条件，而意欲则是在其客体化的等级上永远往上争取和奋斗。

光转化成热和反过来热转化成光，通过玻璃受热时的表现得到了明显的证明。也就是说，在加热到了一定温度时，玻璃就热得发红、无火燃烧，亦即把所接受的热转化为光；在热度更甚时，玻璃就融化，然后就会停止发亮，因为现在热量已足够让其变成液体了——这样，热量就为了成为液态的目的而大部分潜藏起来了，也就是说，再没有多余的热无谓地发光。但如果热量再一次增加，那热还会发光的，亦即液体的玻璃本身就会发亮，因为现在液体玻璃不再需要把传送过来的热用于其他方面。（顺便一说，巴比内在1855年11月1日《两个世界的杂志》上提到了这一事实，但却半点都不曾明白个中的道理。）

人们指出，在高山上，空气的温度虽然相当低，但阳光直射在身上，热度是相当强劲的，可以做出这样的解释：阳光还没有被更低的、也是更厚的一层大气层所减弱，照在身上就马上转化为热。

人们都知道，在晚上，所有的声响和杂音都会比白天更响。人们惯常都是以晚间普遍安静来解释这一事实。我不再知道是谁在大概30年前提出了这一假设：这其实是因为声与光的真正交锋所致。更仔细地考察一下这种现象，我们当然会感觉倾向于接受这一解释。但唯有讲究方法的实验才会定夺这桩事情。那么，这种声与光的对抗，可以以光的走向是绝对直线这一特性加以解释，因为光穿过空气，减弱了空气的弹性。那么，如果得以这样确认，那就又多了一个有助于了解光的本质的事实。如果以太和振动理论得到证明，那光波打乱和阻碍了声波的解释就有了一切支持。在另一方面，人们会很容易得出这件事的最终原因，亦即缺乏光亮会在动物失去了应用视力的同时提高了听力。亚历山大·冯·洪堡在1820年的一篇论文[1]（后来修正的论文，参见《短篇文章集》，第1卷，1853）中讨论了这件事。他也认为以晚间的安静来解释是不够的，他还给出了这一解释：在白天，地球上的土壤、岩石、水和物品受热并不均匀，这样，厚度不均匀的空气柱就升起来了。音波就得逐次地穿过这些气柱，因此就断裂和不均匀了。但在晚上，我认为，那不均匀的冷却也会造成同样的效果；再者，只有当噪声从远的地方传来，并且噪声是如此强烈，以致仍能被听到，这一解释才是成立的，因为只有在那样的情况下，声音才会穿过多个空气柱。但在晚上，泉水、喷水池、溪水在我们的脚边流动的声音是白天的两至三倍。总的来说，洪堡的解释只涉及声音的传播，而没有涉及在最近的周围所发生的声音为何得到了直接的加强。此外，普遍的下雨会因为平衡了各处地上的温度，所以也就必然会像晚上那样带来声音的同样加强。但在海上，声音却一点都没有得到加强，洪堡说这种加强会小一些，但这说法是很难检验的。所以，洪堡的解释与本话题

---

[1] 参见比恩鲍姆，《云的王国》，第61页。——译者注

无关。因此，在晚上声音得到了加强，要么归因于没有了白天的噪声，要么归因于声与光的直接交锋。

79（补充）

每一朵云都有某种收缩力：这云必须通过某种内在的力而合在一块，让其不至于完全溶解和分散在大气中，不管这收缩力是电方面的抑或只是内聚力，或者只是引力及其他。这种力越活跃和越起作用就越牢固地从里面维系住这一朵云，这云也以此获得了一个更加线条分明的轮廓和总的来说一个更巨大的外形，就类似积云的情形。这样的云不会轻易降雨，而雨云则具有模糊不清的轮廓。在打雷方面，我有这样一个假设，相当的大胆，或许也可称为异想天开，我自己对此也不确信。但我也不会一定要压制这一设想，而是想提交给把物理学当作主业的人，好让他们首先检验这事情的可能性。如果这可能性是确定存在的话，那这事情的真实性就用不着怀疑了。

既然现在我们仍没有清楚地了解打雷最直接的原因，因为流行的解释并不足取，尤其当从导体中咔嚓发出火星时，我们就会具体想象出打雷的声音——那我们是否可以大胆提出那奇特的，甚至放肆的假设：云里面的电压分解了水，从云的其余部分产生的爆鸣气（爆炸瓦斯）形成了小气泡，而稍后，电子火花就点燃了这些？那雷的轰鸣声恰恰就与此爆炸相吻合，而在那打雷巨响之后通常紧随而至的阵雨也可以此得到解释。缺少了水的分解，那云中的电击就只是闪电而已，就是没有雷鸣的闪电。[1]

斯库特滕先生在科学院朗读过《关于电子大气层的回忆》，其中的摘录见 1856 年 8 月 18 日的《记录》。基于所做过的实验，斯库特滕先生陈述说，那在阳光下从水和植物中往上升，形成了云的雾气，是由微小的气泡组成的，包含了带电子的氧，其外壳就是水。[2]至于与这氧相对应的氢，他就一点都没说。但在此我们起码必须假设，在云里就算没有水的电解，也已有了爆鸣气的一个成分。

在大气中的水电解为两种气体时，许多热量就必然潜藏了起来，而由此形成的冷就可以解释那仍然是一大难题的冰

---

[1] 但人们现在仍想要把这种闪电再度视为很远的打雷！普伊曾在《科学的学士院》1856—1857 年主持过一次有关没有雷鸣的闪电和没有闪电的雷鸣的很长的辩论。他指出（1857 年 4 月），甚至是那种有能量的蛇形闪电，其发生有时候也是没有雷鸣的（《对关于没有雷鸣的闪电的假设的分析》，普伊，《数学杂志》）。在 1856 年 10 月 27 日的《记录》上，有一篇文章就闪电而没有雷鸣和反过来的问题纠正了另一篇文章的看法。这篇文章很确信地，就好像已经解决了问题似地认为：雷鸣只是由导体那些飞跃的火花造成的巨大噪声。对他而言，不闻雷声的闪电就只是远方的闪电。约翰·米勒在《宇宙物理学》（1856 年）中按照其老套的方式提出，"雷鸣只是在电的飞溅期间，那激荡的空气的振动而已"，因此就是火花从导体中发出的咔嚓声。但雷的轰鸣与跳跃的电子火花所发出的声音却毫无相似之处，就像苍蝇与大象之别差不多。这两种声音的差别不仅在音量上，更在音质上（参见比恩鲍姆，《云的王国》，第 167、169 页）。相比之下，雷鸣却与一连串的爆炸声极为相似；这连串的爆炸声可以是同时的，纯粹只是因为路程长远而接连抵达我们的耳朵。是莱顿瓶电池吗？

[2] 如果云正如人们所假设的是由小的泡泡组成的（因为真正的水雾是看不见的），那就能漂浮，这些云里面就必须充斥比大气更轻的气体，因此，要么充斥着水雾，要么充斥着氢气。

雹——这冰雹常常伴随着雷暴而出现。这见之于《云的王国》第138页。当然，冰雹是由错综复杂的情形所致，所以很少发生。我们在此只是看到那冷的来源，而在炎热的夏天要凝结这雨水，冷源是不可缺少的。

80

没有哪一种科学能像天文学那样让大众肃然起敬。所以，那大部分的天文学家虽然只有算术的头脑，而在其他方面一般都是能力偏下，但他们却以其"至为高贵的科学"等说法，经常摆出一副自命不凡的派头。柏拉图早就嘲笑过天文学的自负，还提醒人们说：在头顶之上的东西，并不就可以称为高贵（《理想国》，50，7，第156、157页，比朋蒂尼编）。牛顿所享受到的近乎偶像般的崇拜，尤其在英国让人难以置信。在不久前的《泰晤士报》上，牛顿仍被称为"人类中最伟大的一位"；同一份报纸的另一篇文章则试图安慰我们，反复强调牛顿始终仍是个凡人而已！1815年（根据《监察家》周报的报道，1853年1月11日《加利尼亚利》重印），牛顿的一颗牙齿以730英镑卖给了一位勋爵，而这位勋爵就把牙齿嵌进了一个戒指上面。这让人想起了佛陀的圣牙。对伟大算术家的这种可笑的崇拜，就是因为这个人为硕大无朋的大块头找到其运动的法则，把这些法则还原为在这大块头中活动的自然力，而这硕大无朋的大块头就成了人们衡量这个人的成就的依据（并且那些运动的法则源于在大块头中活动的自然力，甚至不是牛顿发现的，而是罗伯特·胡克发现的。牛顿只是通过计算加以证实了而已）。否则，就难以设想为何给牛顿的崇拜要多于任何其他一个把展现出来的作用效果还原为某一自然力的外现的人，为何？例如，拉瓦锡就没有得到同样程度的崇敬。其实，要以多种多样一起作用的自然力去解释所出现的现象，甚至从这些现象中找出那些自然力，比只需要考虑在没有阻碍的空间中两个，并且是两个简单和单一形式作用的力，如引力和惯性力要困难得多。也正是基于天文学素材太过简单和贫瘠，才有了天文学的数学实在性、可靠性和精确性。所以，天文学才有能力宣告，甚至还没有见过的恒星的存在，并以此让这世界惊奇不已。这虽然让人无比赞叹，但仔细察看，这种能力也只是我们每次从呈现出来的、出自某一仍然还没见着的原因的效果，去确定那一原因时所进行的智力运作。一位品酒家把这一能力发挥得更惊人：他从一杯酒就能确切品出酒桶中肯定有一块皮革。他的说法被否认了，直至酒桶清空以后，在桶底找到了一串钥匙，系着钥匙的是一个小皮条。在此和在发现海王星时所进行的智力运作是同一样的，区别只在于其应用，亦即其对象物。那只是运作涉及的素材之别，而一点都不是运作形式有别。相比之下，达盖尔的发明，如果那并非就像某些人所说的大部分得之于偶然，阿拉哥因此只能在之后才给出理论[1]，那就比勒维里耶的让人惊叹的发现要聪

---

[1] 发现和发明通常都只是在摸索和试验中发生的，而这个理论则是在之后才想出来的，正如对某一公认的真理的证明是在之后才给出的一样。

明百倍。但正如我已说过的，大众的敬畏是基于那大块头的巨大分量和那遥远的距离。利用此机会，我想说许多物理学的和化学的发现对整个人类可以有着难以估量的价值和用处，但做出那些发现的就只是点点的聪明、机智，以致有时候偶然发生的事情就已单独胜任。所以，这些发现和发明，其思想上的价值与在物质上的价值有着很大的差别。

从哲学的角度出发，我们可以把天文学家比之于这样的人：他们到场观看一出伟大戏剧的演出，但他们不会让那音乐和剧中的内容分散其注意力，他们只会留意布景装饰的机械装置，能够终于完全弄清楚那传动装置及其中的关联，就很高兴了。

81

黄道带的符号是人类的族徽，因为在印度人、中国人、波斯人、埃及人、希腊人、罗马人等那里都有同样的图像和同样的顺序；至于其起源，则是有争论意见的。依德勒（《论黄道带的起源》，1838）并不敢决定黄道带最先是在哪里被发现的。李普修宣称它最先出现在托勒密时期和罗马时期之间的纪念碑上。但乌勒曼在《古代，尤其是古埃及的天文学和占星学的特征》（1857）中提到，甚至在公元前16世纪的国王墓碑中就已有黄道带的符号。

82

回顾毕达哥拉斯的天体和谐说，我们应该要计算一下：如果我们根据恒星的不同速度而相应地把一系列声音集合在一起，海王星给出低音，水星给出高音，那出来的是什么样的和音。在这方面，人们可参看《亚里士多德著作注释》（勃兰迪斯编，第496页）。

83

如果以我们现在的知识程度看，而莱布尼茨和布封也已经声称，地球过去曾经处于烧得火热和熔化的状态，而事实上，地球也仍然是这样的状态，因为只是地球的表皮冷却和变硬了——那么，地球在这之前，正如所有的燃烧的东西那样也是发亮的；并且因为巨大的行星也都是发亮的，而且发亮的时间更长，所以，更久远和古老世界的天文学家就提出太阳是双重、三重，甚至四重的恒星。那么，因为地球表面的冷却是如此的缓慢，以致历经历史时期，也不曾有过证据证明冷却在些微地增加。事实上，根据傅里叶的计算，些微程度的冷却都已不再发生了，因为地球每年放射出来的热量，又从太阳那里再度接收了；在体积上大1 384 472倍的太阳——地球曾经就是这其中的组成部分——冷却是与体积的差别相应而成比例地更加缓慢，虽然并没有外来的补偿。

因此，太阳的发光和发热就以此得到解释：太阳现在还仍处于地球过去曾经所处的状态，但在太阳那里，光和热的减少是太过缓慢了，甚至历经数千年，仍然感受不到其影响。至于太阳的大气层应该是发亮的，可以从其最炽热的部分的气化得到解释。这对于恒星也是一样的。在那些恒星中，双重星也就是其行星仍然处于自发光的状态。根据此假设，所有的余火都会逐渐熄灭，并且在过了多少万亿年以后，整个世界就必然会陷入寒冷、僵硬和黑暗之中，除非在这期间，发光的星云中凝固出某些新的恒星，并引出又一"劫世"。

84

我们可以从自然天文学中得出下面的目的论的思考。

利用不同的温度以冷却或者加热某一物体，所需的时间与物体的体积成比例而相应快速地增加。所以，布封试图根据那些被假定为热的星体的不同块头、质量而计算出冷却所需的时间。但在我们这个时代，傅里叶在这方面却做得更彻底和更成功。在小的规模，那些夏天无法融化的冰川向我们展示了这一点，甚至放进地窖里的足够大的一堆冰块也是如此。顺便一说，"分而治之"在夏天的热对冰块作用时得到了最形象的说明。

四个巨大的行星从太阳那里接收到甚少的热，例如，天王星上面的日照只是地球所接收到的1/368。所以，这些行星完全得依靠自己内部的热以维持它们表皮上的生命，而地球则几乎完全依靠来自外部的，来自太阳的热——如果我们信任傅里叶的计算的话。根据他的计算，地球里面的强热对其表皮的作用却小之又小。四大行星的体积是地球的 80 倍到 1 300 倍不等，所以，冷却这些行星所需的时间之长难以估算。在那历史时间内，我们却没有地球冷却的点点最细微的痕迹，而地球与那些行星相比又是如此之小，正如一个法国人异常聪明地证明了这一点。他的根据就是：在与地球的自转有关的方面，月亮移动得并没有比我们所掌握的其最早时的移动要慢。也就是说，假如地球是冷却了一些，那地球就必然在同等程度上收缩了，那地球的自转也就因此而加快，与此同时，月亮的移动则保持不变。这样看来，那些巨大的星体远离太阳，小的星体则靠近太阳，而最小的星体则距离太阳最近，是符合目的的。这是因为这些最小的星体将会逐渐失去其内部的热量，或者起码结壳如此之厚，内部的热穿透不到表皮了[1]，它们因此需要外部的热源。那些小行星作为一个炸散了的星体的碎块，是完全偶然的反常东西，所以，在此不予考察。但这些偶然的东西本身是反目的论的。我们愿意希望灾祸是在星体有生命居住之前发生的。但我们知道大自然是毫不留情的，我也没有保证哪一观点就是正确的。但这由奥尔伯斯提出的、相当有可能是真的假设，现在再度遭到否认，其根据或许在神学方面不亚于天文学方面。

---

[1] 火山就是那巨大的蒸汽锅炉的保险阀门。

但要让所提出的目的论变得完整，那四个巨大的星体里面，最大的星体就必须是距离太阳最远的，而最小的星体则是距离太阳最近的。不过，在此情况下却相反。人们可能会提出反对意见：这些星体的质量轻了很多，因此比其他小星体更稀松，但这却远远不足以补足那体积上的巨大差别。或许那只是它们内在的热的结果。

尤其引起人们目的论方面惊叹的东西是黄道的倾斜，因为要不是黄道的倾斜，那就不会出现季节的变化了，地球上就只有持续永恒的春天，那果实就不会成熟和繁茂，地区也就不会到处都可居住——几乎直到接近两极为止。因此，在黄道倾斜处，物理—神学家们看到了所有防护措施中最有智慧者，而唯物论者则看到了所有偶然中的最幸运者。赫尔德尤其被这种惊叹所鼓舞（《人类历史哲学的概念》，第1部，4）——但在仔细检查之下，这种赞叹却是有点简单、幼稚的。这是因为假如真的只有上面所说的持续永恒的春天，那植物世界就肯定免不了调整其本质以作适应，以致没有那么强烈但却是持续的和均衡的热能与其相适应，正如现在已成化石的史前世界的植物，就是为完全不一样的星球状况而设计——不管那星球状况因何而起——并在那种状况中枝繁叶茂。

月球上并没有透过折射而呈现出大气层，是其质量更小的必然结果：月亮的质量只是我们的星球的1/88，因此只有很小的吸引力，以致我们的空气转移到月球的话，就只能保留其1/88的浓、密度，所以无法造成明显的折射，在其他方面也必然是同样无力的。

此处或许是提出一个有关月球表面的设想的地方，因为我无法下定决心抛掉这一设想，虽然我很清楚这设想会遭遇很多困难；我也只把这一设想视为一个大胆的猜想传达给大家而已。这一设想就是：月球并不是没有水，而是水被凝结了，因为缺少了大气层会造成绝对的寒冷，而这寒冷甚至不会允许寒冰的蒸发，如果不是因为这种寒冷，缺少大气层本来是有利于冰的蒸发的。也就是说，以月球之小，其体积为地球的 1/49，质量则是地球的 1/88，我们必须视其内在的热源枯竭了，或者起码不再作用于表面。月球从太阳那里并不会得到比地球还要多的热量。这是因为虽然每月一次月球走近太阳，它走近的距离与我们远离的距离是一样的；除此之外，在那样的情况下，月球始终只是把背向我们的一面朝向太阳，这一面与朝向我们的一面相比，根据麦德勒所言，只是接收了比例上 101：100 的更为明亮的日照（也就是热量），而这在朝向我们的一面是永远不会发生的，无论在这种情况下，还是在与此相反的情况下，亦即在 14 天以后，在月球再度以与我们的地球的距离更远离了太阳以后。所以，我们无法认定太阳对月球的温暖影响会比对地球更强；事实上，太阳对月球的热的影响更弱，因为虽然热的作用在月球的每一面维持 14 天，但却被同样长时间的黑夜所中断，而这就阻碍了热作用的累积。透过阳光而取热，依靠的是存在的大气层。这是因为这只能透过光转化为热而进行，而当光碰到不透明的，亦即光无法穿过的东西时，光就会转化为热。也就是说，碰到这样的不透明之物时，光并不能像对透明的东西那样可以其闪电般的速度和直线走向穿过去；这样，光就会转化为向着各个方向和向上扩散和攀升的热。但这热作为绝对轻盈（不可称量）的东西，必须透过大气层的压力留住和聚合在一起，否则，在生成的时候就已经消散了。这是因为就算光以其原初的放射本质闪电般地穿过空气，但转化成热的时候，其行进就变得如此的缓慢，因为热要克服这空气的重量和阻力，而众所周知，空气却是最糟糕的导热体。在另一方面，如果这空气是稀薄的，那热就流逝得更容易，而如果完全没有空气的话，那热就马上跑掉了。因为这个原因，在气压减半的高山之顶，永远覆盖着积雪；而在深谷，如果比较宽大，那就是最温热的。那么，如果是完全没有了大气层，又将是何种样子！所以，在温度方面，我们就得毫不犹豫地设想月球上所有的水都是凝结了的。不过，现在又有了这一困难：正如大气稀薄有助于烹饪，降低沸点，完全没有了大气也就必然极大地加快了蒸发的过程；据此，月球上凝结的水必然早就蒸发掉了。要解决此困难，可考虑到所有的蒸发，甚至在真空中的蒸发，其发生也只是由于某一相当数量的热的缘故，这热也正通过此蒸发而潜藏起来。但这样的热在月球上却是没有的，月球上的寒冷几乎就是绝对的，因为透过阳光的直接作用而转化来的热马上就消散了；在这期间所产生的小小蒸发也马上被寒冷再度停止，就像白霜一样。[1]这是因为尽管空气稀薄本身是有利于

---

[1] 这一假设得到了普耶所报告的莱斯利实验（第 1 卷，第 368 页）的完全支持。也就是说，我们看到水在真空中凝结，因为蒸发甚至夺走了水要保持液体状态所需的热。

蒸发的，但因为空气稀薄会让蒸发所需的热量流失掉，而更多的是阻碍了蒸发。关于这一点，我们可看到阿尔卑斯山的积雪，通过蒸发而消失的不会更甚于通过融化而消失的。完全缺乏空气时，所形成的热会马上流失，这对蒸发不利，更甚于在同等比例上缺乏空气压力本身对蒸发的有利。依照此假设，我们就要把月球上的水视为结冰了，尤其是在其表面的那整个充满神秘的、灰色的、人们总是描述为"海"的部分。那这部分的许多凹凸不平就不再制造困难了，那些横过其表面的、明显的、深邃的和大部分是直线的槽纹和切口，就可以解释为裂开的冰层中的巨大裂缝。这一解释与那些形状很相符。[1]

另外，一般来说，从缺少大气层和水就得出没有一切生命的结论并不是完全可靠的，人们甚至可以称这是狭隘和目光短浅，因为这结论是基于"到处都和我们的一样"这一前设。动物生命现象可以用呼吸和血液循环以外的其他方式达成，因为一切生命最根本的东西只是在形式永远不变的情况下，物质在永恒变化。我们当然可以想象这只有在液体和雾气形式的中介情况下发生。只不过物质总体上只是可视的意欲，无论在哪里都在争取逐步升级其现象。要达到这一目标

---

[1] 1858年4月6日，在寄出月球的一张照片时，罗马的塞基神父写道："相当值得注意的是，在月圆的时候，那平整部分的黑色底部和粗糙、高低不平部分极为光亮。莫非可以认为后者部分覆盖着冰或雪？"（参见1858年4月28日《报道》）（在很新的一部戏剧中，有这样一句话："啊，如果我能够登上结了冰的月亮，身后拉着梯子！"——文学家的直觉！）

的形式、手段和途径是多种多样的。在另一方面，却再度需要考虑到不仅只是月球上的化学成分，其实，所有星球的化学成分都极有可能与地球上的化学成分是同样的东西，因为整个星体体系都是从那原初的发光星云脱离的，曾几何时，现在的太阳也是扩展至那发光的星云。这当然让我们猜测会有相似的某种意欲更高级的现象。

85

康德最先在《自然通史和天体理论》（1755）中给出了那极具洞察力的宇宙起源学，亦即天体进化的理论，然后在《上帝存在的唯一可能的论据》第 7 章把这理论补充完整。在几乎 50 年以后，拉普拉斯（《宇宙体系论》，5，2）以更伟大的天文学知识发展了这一宇宙起源学，并为其奠定了更加稳固的基础。但这一宇宙起源学的真理不仅只是建立在由拉普拉斯所极力主张的空间状况的基础上，亦即 45 个天体集体向着一个方向循环，并在同一时间也恰恰向着同一个方向自转；而且这大体学说还有更加稳固的时间状况的支持。这时间状况通过开普勒的第二和第三法则表达出来，因为这些法则指出了一条固定的规则，给出了精确的公式：根据这些规则和公式，所有的行星越是靠近太阳，就以严格合乎规则的比例旋转得越快，而太阳本身只是自转取代了公转，现在就是那各个渐次排列的星体中的速度最快者。在太阳仍延伸至天王星时，太阳自转一次是 84 年，但现在，经过每一次的收缩所带来的加速以后，自转一次是25天半。也就是说，如果那些行星不曾是那如此巨大的中心体的剩余部分，而是每一个行星都以其他方式自己形成的，那就无法理解每一个行星是如何精确地恰好抵达根据开普勒的两条定律这一行星必须处在的位置——如果这一行星不是要么栽进太阳中去，要么飞离太阳的话（依据牛顿的引力法则和离心力法则）。康德和拉普拉斯的宇宙起源学的真理首要就是基于这一点。也就是说，如果我们与牛顿一样把行星的旋转视为引力和起抵消作用的离心力的结果，假设行星现有的离心力是既有的和固定的，那对每一个行星来说，就只有唯一一个位置可以让这行星的引力与这离心力恰好取得平衡，这行星也因此才能保持在其轨道上。因此，肯定有过一个同样的原因，给了每一个行星以位置的同时也给予了速度。如果把一个行星移至更靠近太阳，那这行星假如不是要栽进太阳中去的话，就必须跑得更快，因此也就是要得到更多的离心力；把行星置于更远离太阳的话，那就必须在引力减少的同等程度上减少行星的离心力，否则，那行星就会飞离太阳。所以，一个行星无论在哪里都可以有其位置——只要有那么一个原因能够提供这一行星以精确符合这一位置的离心力，亦即可以与在那位置的引力恰好取得平衡的离心力。既然我们现在发现每一个行星都确实有其在那位置所需要的速度，对此的解释只能是：给予这行星位置的同一个原因，也同时确定了这行星的速度。唯有从这所谈论的宇宙起源学才可明白这一点，因为根据这个宇宙起源学，中央天体猛地一下子、一下子地收缩，某一环状物得以脱离，并在这之后结团成了行星。在这期间，按照开普勒的第二和第三定律，中央天体的每一次收缩都必然强力加快了自转的速度，而这就把由此确定了的速度留给了接下来再一次收缩时，在那具体地点脱离出去的行星。现在，中央天体就可以在其区域范围的任意一个地点甩下这一行星，因为这一行星总是可以得到精确适合这一地点而不是适合其他任何地点的离心力。这一地点越是靠近中央天体，那离心力就越强，因此，那离心力要与之抗衡的、把这行星吸引到中央天体的引力就越强。这是因为那渐次甩掉行星的天体，恰恰是以给予这一行星离心力的同样程度增加了的自转速度。此外，谁要想形象地看看在那收缩以后必然会有的自转加快速度，那一个巨大的燃烧着的螺旋形火圈可以给我们一个有趣的例子，因为这个火圈开始时转动缓慢，然后，在火圈越来越小的同时，转动就相应地越来越快。

开普勒在第二和第三定律中只是道出了行星与太阳的距离和这行星轨道运行的速度的事实状况，这涉及在不同时间的同一个行星，或者涉及两个不同的行星。这一状况是牛顿在最终采纳了他一开始摒弃的罗伯特·胡克的基本思想以后，从引力和与之平衡的离心力推导出来的；牛顿也以此说明了这种状况必然如此，并且为什么，亦即因为与中央天体这样的距离，行星为了不栽进中央天体之中或者飞离出去，就必须恰好具有这样的运行速度。虽然在往后的连串原因中这只是作用原因，但在往前的连串原因中才是目的原因。但这一行星是如何成功地恰好在那一位置正好得到了所需的速度，或者以这既定的速度恰好被安排在这一位置，让引力能够与那速度精确达至平衡——这个中的原因，这更高一级的作用原因，只有康德—拉普拉斯的宇宙起源学才能教导给我们。

这个宇宙起源学也会在将来让我们明白那些行星大致有次序的排列，我们就会知道那不仅是有次序而已，而是有其定律的，亦即出自大自然的一条定律。下面的表就表明了这一点。这个表早在一百年前，在天王星被发现之前就已经为人们所知。在上面的一行（第一行），人们永远把数字加倍；在下面的一行（第二行），上面的数字则都加上 4。这样，这些数字就表现了行星之间大概的平均距离，这也与今天所承认的大致吻合：

0	3	6	12	24	48	96	192	384
4	7	10	16	28	52	100	196	388
☿	♀	♁	♂		♃	♄	♅	♆
水星	金星	地球	火星	小行星	木星	土星	天王星	海王星

这样的位置安排有其次序和规律，是不会看不出来的，虽然那只是约莫如此。或许每一个行星都有其轨道上的一个位置，就在它们的近日点与远日点之间，与规律精确吻合；这一位置可被视为这一行星本来和原初的位置。不管怎么样，这有其或多或少精确程度的规律性，是在中央天体接连收缩时活跃、活动着的力和构成这些力的基础的原始物质所得出的结果。原初星云质量的收缩都是这之前的收缩所导致

的自转加快带来的结果，而那外围区域现在就不再能跟得上那加快了的自转，因此就挣脱和留在那里了——再一次的收缩也就由此产生，而这收缩又再一次地导致自转加速，等等，等等。因为中央天体以如此猛烈的一下子接着一下子的方式减少其体积，所以，收缩的宽度每次也就以同样的比例减少，亦即大概是在之前的一半以下，因为中央天体每次都将原先扩展出来的收缩了一半。此外，值得注意的是，在最中间的行星就遭殃了，而结果就是：留下来的只是这行星的破碎部分。这就是四个大的行星与四个小的行星之间的分界线。

并且证实这个理论也有这样的事实，即在总体上，越远离太阳的行星就越大，因为成形为那些行星球体的星云区域就越大，虽然由于在那星云区域中偶尔存在阔度差别，而在成形中会产生某些不规则之处。证明康德—拉普拉斯宇宙起源学的另一个事实，就是行星的密度大概是以它们与太阳的距离越远而相应比例地减少。这是因为可以如此解释：距离太阳最遥远的行星是太阳的残余部分，是在太阳延伸最广、因而密度最稀薄的时候甩出来的。在那之后，太阳收缩了，亦即密度变得更大了，等等。康德—拉普拉斯的宇宙起源学还以此得到了证实：即月亮在后来以同样的方式通过地球的收缩而产生，而那时候的地球仍是雾状，但也正因此，那时候的地球到达了现在的月亮的地方；月球也只是地球密度的5/9。至于太阳本身并不是所有太阳系中最有密度的，可以这样解释：每一个行星的形成都是整一环圈在随后被弄作一团而成球体，但太阳却只是那中央天体在上一次收缩以后没有更再压缩的残余物。对这所谈论的宇宙起源学的又一特别证明就是这样的状况：所有的行星轨道对黄道（地球的轨道）的倾斜在 3/4 度和 3½ 度之间不等，水星的倾斜则是 $7°0'66''$，但这几乎是太阳的赤道对黄道的倾斜度，因为那达到了 $7°0'66''$。对此的解释是：太阳最后一次甩掉的环圈是与其脱离的太阳的赤道几乎平行的，而太阳在之前所甩掉的行星却在这个过程中更多地失去了平衡，或者太阳在甩开行星以后移动了自转的中轴。倒数第二的金星，已经有 3½° 的倾斜，其他所有行星甚至低于 2°，除了土星以外，因为土星是 2½° 的倾斜（根据洪堡的《宇宙》，第 3 卷，第 449 页），甚至我们的月球那如此古怪的运行——即自转和公转的周期是同样的，月球因此永远是同一面朝向我们——也唯独只能这样去理解：这恰恰是一个环圈围绕地球转动的运动；月球就是这一环圈收缩以后形成的，但在这之后，月球并不像行星那样由于受偶然的一撞而快速地自转。

这些宇宙学的思考首先引发我们两个形而上的思考：第一，在所有事物的本质里都奠定了某种和谐，由于这种和谐，那最原初的、盲目的、粗野的和低级的自然力，在最死板、僵硬的规律的指引下，透过在任由它们摆布的物质上轮番争斗，透过与这些相伴的偶然后果，带来的就是这一世界的基本框架，连带其令人赞叹的目的性，那就是为生物的形成和居住而设的一处地方。这其中的完美，也只有最细腻的匠心在最深刻的智力和最精准的计算的指导下才可实现。所以，我们在此看到亚里士多德的作用原因和目的原因是如何以让人吃惊的方式，各自在独立的情况下殊途同归。这些具体的思考和以我的形而上学的原理对那些构成了基础的现象的解释，大家可以在我的主要著作第 2 卷第 25 章第 324 页（第 3 版，第 368 页）以下找到。我在此提到这些，目的只是指出这给了我们一个样式，帮助我们以类似的方式明白，或者起码泛泛地看出：所有的那些牵涉个人的生活进程、相互交织的偶然事件，是如何在秘密的、预定了的和谐框架中互相契合，目的就是要引出符合其性格和其真正最终好处的一个和谐整体，犹如所有的一切就是因为这样而发生，就只是幻影一样地为了他而存在。在（《附录和补遗》）第 1 卷"论命运"中，目的就是更仔细地阐明这一问题。

由那宇宙起源学所引发的第二个形而上的思考就是：对世界的形成，就算是那涉及范围如此之广的自然、物质的解释，也永远无法消除对形而上解释的要求，或者可以取代形而上的解释。相反，人们发现现象越多就越清楚地看到：人们所涉及的就只是现象，而不是自在之物的本质。这样，就有了对形而上学的需求，而形而上学则是对那应用范围如此之广的物理学的互补。这是因为我们的智力所建构起来的世界，其所有的构成物质，归根到底就是同样众多的未知的数和量，它们恰恰就是形而上学要解决的谜团和难题，也就是那些自然力的内在本质。那些自然力的盲目的作用效果，在此却符合目的地构建了这个世界的框架。然后，就是化学上不同、并因此是相互作用的元素的内在本质；个别行星的个体性质和构成就出自那些元素的斗争，而地理学的工作就是从那争斗的痕迹中证明那些行星的特性。关于这些元素的争斗，安培给出了最完美的描绘。最后，就是这样一些力的内在本质：这些力最终显现为安排着一切，在行星的最外层表面，就像哈气般地产生出了霉菌一样的植被和动物。随着动物的出现，意识以及由此而起的认知也就出现了，而认知又再度成为了发展至此的整个过程的条件，因为构成这过程的所有一切，都只对认知而存在，只是对认知而言才有其现实性；事实上，那发生的事情和变化本身，也只是由于认知自身固有的形式（时间、空间、因果性）才可以展现出来，因此只是相对地，对智力而言才是存在的。

也就是说，一方面，人们必须承认：所有的那些自然物质的、宇宙起源学的、化学的和地理学的事情，既然是作为意识出现的条件，必然在意识出现之前就已经长时间发生了，亦即在意识之外而存在。但在另一方面，无可否认的是，上述发生的事情在意识之外就是绝对的无物，是根本无法想象的，因为那些事情首先是在和通过意识的形式才能展现。起码人们可以这样说：意识由于其形式的原因，是现在讨论中的有形和物理学事情的条件，但意识却再度以那些事情为条件，因为那是那些事情的物质使然。但从根本上，宇宙起源学和地理学要我们预设发生了的事情（作为在某一认知生物很早之前就已发生的东西），本身就只是把我们的直观智力所无法把握的事物的自在本质，翻译成我们的直观智力的语言。这是因为那些事情与现在发生的事情一样，就其自身而言从来没有过的存在；在涉及一切可能经验的先验原则的帮助下，在追随一些经验的事实材料时，这就回溯到了这些事实材料：这回溯本身就只是把一系列并非无条件存在的现象连在了一起。[1]因此，那些发生的事件本身，在其经

---

[1] 在地球上所有生命之前所发生的地质上的事件，并不存在于任何意识之中：既不在这些事件的意识之中，因为它们并没有意识；也不在其他意识之中，因为那时候并没有任何其他意识。所以，由于缺乏了某一主体，它们就没有了任何客观的存在，亦即那些事件是没有的，或者它们的存在又意味着什么呢？这从根本上就只是一个假设，也就是说，假设在那原初的时候，某一意识是存在的话，那些事件就会在那意识中展现了，对现象的回溯就把我们带到了那里。所以，是否在这些事件中展现出自身，取决于自在之物的本质。

当我们说，在开始的时候，有一片发光的原初星云，然后团结成了球体，开始了旋转，并因此成了凸透镜的形状，其最外围周边被甩掉而成了一个环状物，然后这环状物团结成了一个行星，同样的事情再一次地重复，等等，即整套的拉普拉斯宇宙起源学；当我们现在同样补充上最早的地质现象，直至有机大自然的出现——那我们这里所说的一切并不是在本意上真实的，而是某种形象性语言。这是因为这所描述的现象，从来不曾像这个样子发生，因为这些现象是空间、时间和因果性的现象，这样的现象就绝对只存在于一个大脑的想法和表象里面，而大脑是以空间、时间和因果性作为其认知的形式。所以，没有了这样的大脑，那些现象是不可能的，永远也不曾有过。因此，那些描述只是表示：如果一个大脑曾在那时候存在，那上述事件就会在那大脑中展现出来。但在另一方面，就其本身而言，那些事件不是别的，而是生存意欲在呆滞、缺少认知地渴求客体化；那么，现在大脑存在了以后，这生存意欲就在大脑的思路中和通过大脑想象形式所必然带来的回溯，必然把自己展现为那些原始的宇宙起源和地质学的现象；这些现象也就由此首次获得了客体（客观）的存在，但也正因为这一点，那客体（客观）的存在与主体（主观）的吻合程度，不会亚于如果那主体存在是与客体存在在同一时间存在，而不是只在无数千万年以后方才出现。

验的存在中，就算其出现有一切机械精准和数学正确的确定性，也永远留着一个晦暗的核心，就犹如在那后面潜伏着的沉甸甸的秘密。也就是说，在那些事件中外现出来的自然力，在承载这些自然力的原始物质，在这些自然力的那必然是没有开始、因此是无法理解的存在——我们都可看到那晦暗的核心。循经验的途径以弄清楚这晦暗的核心是不可能的。所以，在此形而上学就得出场了，就要在我们自己的本质那里，让我们了解到一切事物的核心就是意欲。在这一意义上，康德也说了：

显而易见，大自然的作用效果，其首要的源头完全只能是形而上学的课题。

——《关于生命力的真实估计之思考》，§51

所以，从这所进入的形而上学的角度看，那花费了如此之多的精力和聪明才智才获得的关于这世界的自然、物质上的解释，似乎就是不足够的，的确就是皮相的，并在某种程度上只是假的解释，因为这些解释不过就是归因和还原为未知的数，还原为"隐藏的特性"。这种解释可以比之于某种不曾透进里面的、只是停留在表皮的力，诸如电的一类；甚至就像是纸币：其价值只是相对的，是以另一种金钱为前提条件。在此，就这种关系的详细论述，我建议读者阅读我的主要著作第2卷第17章第173页（第3版，第191页）以下。在德国，就有那么一些平庸的经验主义者想要大众相信：除了大自然及其法则，就再没有其他了。但这是行不通的，因为大自然并不是自在之物，大自然的法则也不是绝对的。

如果我们在头脑中把康德—拉普拉斯的宇宙起源学，从德吕克一直到埃利·德·博蒙的地质学，最后到那动植物的原初生成以及对其结果的论述，亦即植物学、动物学和生理学依次排成一列，那我们的面前就是大自然的整个历史，因为我们就可一眼统观这经验世界的全部现象。但这整体的现象却首先是形而上学要解决的难题。如果只是物理学就能够解决这难题的话，那这难题也就早已经接近解决了。但这是永远不可能的。上面提到的两点，即自然力的自在本质和客体世界受到智力的条件制约，再加上物质先验就可确定的没有初始、物质的因果序列，夺走了物理学的一切自主性，或者就成了要把莲花连接到形而上的土地上的茎柄。

此外，地质学最近的研究结果与我的形而上学的关系，可以简略表述如下。在地球的最早期，在花岗石期之前，生存意欲的客体化是局限在其最低的层级，亦即局限于无机的大自然力。在自然力那里，生存意欲以极其宏大的派头盲目、暴烈地展现出来，因为那些已经有了化学上的差别的元素在争斗，其战场不只是星球的表面，而是涉及整个大的星球，其现象必定是如此宏大，以致任何想象力对此也无能为力。与极强烈的原初化学过程结伴的光的演变，是在我们这太阳系里的任何一个行星都可看到的，而那震耳欲聋的爆鸣当然并不会越出大气层之外。在这巨神争斗终于发作完毕以后，在那些花岗岩作为墓碑覆盖了战斗者以后，经过适宜的停顿和海水沉淀物的间歇，生存意欲就展现在接下来更高的一个层级，与之前形成最强烈的对照，就展现为植物世界的呆滞和宁静生活。这也同样展示了庞大的规模：那参天和漫无边际的森林，其残余在经过无数年以后为我们提供了取之不尽的藏煤。这植物世界逐渐从空气中清除了二氧化碳，也就最先成了适宜动物生命的地方。在这之前，那是一个没有动物的漫长和深沉宁静的时期。这一时期最后由于自然的变革毁掉了植物乐园而结束，因为这变革埋葬了森林。现在，由于空气变纯净了，生存意欲就进入了第三级伟大的客体化：动物世界。在海里游的是鲸和鱼类，但在陆地上，仍只是爬虫类，但这些爬虫却奇大无比。世界帷幕再次降下了，接下来的就是意欲的更高一级的客体化：暖血的陆地动物，虽然这些动物的属类已经不再存在了，这些动物的大部分也都是厚皮的。地球表壳连带在这上面的所有生物经过再一次的破坏以后，生命终于又再一次重新燃起。现在，生存意欲客体化为动物的世界：动物世界呈现了多得多的数量和更多样的形态；有的动物的种类虽然不再有了，但其属类却还是存在的。这通过形态的多样性和差别而变得更完美的生存意欲的客体化，已提升至猿的一类。不过，我们这最后的太古时代还得毁灭，以腾出位置给现在的人在更新了的土地上安身。在此，生存意欲的客体化达到了人的一级。据此，地球可以比之于一张被书写了四遍的羊皮纸。在此，一个有趣的附带思考就是想象一下：在太空中围绕着太阳一类的无数恒星旋转的每一个行星，虽说仍然处于化学变化的阶段，仍是最粗糙的力量在可怕的争斗的场所，或者正经历着宁静的间歇期，但其内在却隐藏着秘密的力量，有朝一日，植物世界和动物世界就会以其无尽的多样形态由此而出。对这些秘密力量而言，上述那些争斗就只是前戏而已，因为这些前戏给那些力量准备好了场所，安排好了这些力量出场的条件。人们的确忍不住要去设想：在那火和水的洪流中狂怒、咆哮的，与后来让动植物群有了生命的是同一样东西。但到达了这最新的一级，即人的一级，在我看来，必然就是最后一级，因为在这一层次，已经有了否定意欲的可能性，亦即有了与这种争取背道而驰的可能性。这样的话，那"神的喜剧"也就到了尽头。据此，就算没有物理学的理由以保证不会出现再一次的世界灾难，也有抗衡出现这样的灾难的道德上的理由，亦即这一灾难现在是没有目的的了，因为这世界的内在本质不需要为了可能从这世界获得解救而有更高一级的客体化。道德的东西可是事物的核心或基本低音，尽管只是物理学家不怎么明白这一点。

86

为了估算牛顿的引力体系的伟大价值——不管怎么说，牛顿把那引力体系提升至确实和完美的程度——我们必须回想起在天体运行的起源问题上，思想家自数千年来所面对的窘境。亚里士多德就把宇宙当作是由透明的、互相嵌进对方的多个天体组合而成的，其最外围的天体就带着恒星，后面跟着的天体就每一个都带上一个行星，最后一个则带上月球，这部机器的核心就是地球。那么，到底是什么样的力量永不疲倦地转动这天琴，则是他不知该怎么回答的问题，除了说在某处肯定有某一个"首先的推动"。亚里士多德的这一回答，在以后人们就相当慷慨地解释为亚里士多德的有神论，但亚里士多德却没说过神和造物主，他教导的是宇宙的永恒性和对那天琴宇宙的首次运动力。甚至在哥白尼以这世界机器的正确构造取代了那寓言般的说法以后，在开普勒也发现了这世界机器的运动规则以后，有关那推动的力的古老窘境却仍然存在。亚里士多德就已经为那些个别的天体安排了同样之多的神祇以作指导。学院派则把指导任务交给了某一所谓的智力生物，而这只是取代天使的一个更高雅的字词而已，每一个这样的智力生物就像驾马车一般地驾着他们的行星。在这之后，自由的思想者，例如乔尔丹诺·布鲁诺和瓦尼尼，除了把行星本身弄成是某种活生生的神祇以外，再没有更好的想法。然后就是笛卡尔。他总是把一切都解释为机械性的原因，但除了知道碰撞以外，就不知道任何其他的推动力。因此，他就假定了某种看不见的和感觉不到的材料，一层一层地围绕着太阳转，或者往前推动着行星，即笛卡尔的旋涡说。这一切却是多么幼稚和笨拙，引力体系因此是多么值得高度评价！这引力体系让人无可否认地证明了那运动的原因和在这些原因中活动的力，并且是如此确切和精准地证明了这些，以致就算是最微不足道的偏差和不规则、行星或者卫星在其轨道上的加速或者减慢，也都以其最直接的原因完全地解释清楚和精确计算出来。

因此，把引力只是作为重力才直接为我们所知的东西，定为维系天体系统之物——这一基本思想，由于与这思想相连的结果的重要性，是如此极其重大、有意义，以致对这思想的起源进行一番探索就不是无关紧要、可以撇到一边的事情。尤其是我们作为后世的人，更应该公正，因为作为同时代的人，我们甚少做到这一点。

牛顿 1686 年出版《自然哲学的数学原理》时，人们都知道罗伯特·胡克大声疾呼，是他先于牛顿有了牛顿的根本思想；还有胡克及其他人的强烈不满和诉说，迫使牛顿保证在《自然哲学的数学原理》完整版第 1 版（1687）提及这一点。牛顿在第 1 部分命题 4 推论 6 的一条附注中，以尽可能的寥寥几字提及了这件事，亦即在括号里写道："我们的同胞雷恩、胡克和哈利也独立地得出了这个结论。"

胡克在 1666 年就已经在《皇家学会的通讯》中说出了引力体系的关键思想，虽然那还只是假设。我们从《皇家学会的通讯》中主要的一段可以看得出来，而这段胡克的原话刊登在了杜戈德·斯图亚特的《人类理智的哲学》（第 2 卷，第 434 页）中。在 1828 年 8 月《季度评论》上，有一篇很不错的、简明的天文学历史，文章认为胡克的优先权是板上钉钉的事情。

在由米绥出版的一百多卷的《传记录》中，关于牛顿的一篇文章似乎是从这篇文章所援引的《不列颠传记》中翻译过来的。这篇文章包括对世界体系的描绘，是逐字逐句地根据罗伯特·胡克的《从观察尝试证明地球的运行》（伦敦，1674，4^0）中的引力定律。再者，这篇文章说，重力延伸至所有天体的基本思想，在博雷利的《行星运行的理论和物理原因》（佛罗伦萨，1666）已经表达出来。最后就是牛顿对胡克上述发现的优先权所作投诉的长篇回复。而那已经重复得让人反胃的苹果故事却没有权威性。人们最先是在特纳的《格兰瑟姆的历史》第 160 页，提到这已被当作人人皆知的事实的苹果故事。彭伯顿认识当时已到了高龄的呆滞的牛顿，他在《牛顿哲学概观》"前言"中虽然说到牛顿是在花园里首次有了那一思想，但却不曾说过任何苹果的事情。这有可能是在这之后才加进去的。伏尔泰硬说是从牛顿的外甥女的嘴里听到这个苹果的故事，这大概就是这故事的来源。参见伏尔泰的《牛顿哲学的要素》第 2 部分第 3 章，比较一下拜伦的《唐璜》第 10 章第 1 节的注解：

　　那是著名的苹果树，其中一个苹果掉了下来，据说这就让牛顿注意到了引力。这棵苹果树大概 4 年前被风破坏了。斯图科里博士和康杜特先生都没有说过这个掉下苹果的轶事，所以，我无法找到保证这件轶事的任何权威性，我不能乱用这件轶事。

　　　　　　　　　　——布鲁斯特：《牛顿的一生》，第 344 页

　　我现在就给所有反对这一说法（即万有引力的伟大思想

就是那根本上错误的单色光理论的兄弟）的权威们，多补充一个论据。这个论据虽然只是心理学方面的，但对那些也从智力的一面了解人性的人来说，这个论据是很有分量的。

人们都知道的、并且也是一个不争的事实是：不管是牛顿自己想出来的抑或从他人那里获悉的，牛顿相当早（据称是在 1666 年）就已经明白了引力体系；后来，他就试图把这个引力体系应用在月球的运行上来核实；但是，因为出来的结果并没有与所假设的精确吻合，牛顿就把这个想法再次放下了，并在多年里不再想这桩事情。同样为人所知的是，那把牛顿吓得退缩的不一致实验结果的缘由。也就是说，这不一致就是因为牛顿把月球与我们的距离估算少了大概 1/7，这又是因为这距离首先只能根据地球的半径算出来，而地球的半径又是从地球圆周角度的数值计算的，但这圆周角度的数值却只能直接测量。牛顿只是根据一般的地理坐标的测定把那角度设定为 60 英里的大概数，但事实上却是 69.5 英里。这样的结果就是月球的运行，与引力随着远离距离的平方而递减的假设并不相符。这就是为什么牛顿放弃和打消了他的假设。只是在大概 16 年以后，亦即到了 1682 年，他偶然得知法国人皮卡好几年前已经完成的角度测量。根据这一测量，那角度大概比牛顿过去所设想的要大 1/7。牛顿并没有把这视为特别重要，他是在学士院里从一封信中得知这个情况，牛顿也就作了笔记，然后就精神集中地倾听学士院里的报告，并没有为此消息而分心。只是在这以后，他才想起自己以前的设想。他就重新开始这方面的计算，并在这一次发现了与其设想精确吻合的事实。对此，人们都知道牛顿如此欣喜若狂。

现在，我就问问每一个是父亲的人，每一个生发过、酝酿过和呵护过自己独特设想的人，会是这样对待自己的孩子吗？一旦不是诸事合拍，就马上把孩子扫地出门，毫不留情猛地关上大门，在16年间对其不闻不问？碰到上述情况，在痛苦地说出"没有什么可做了"之前，难道不是到处猜测到底是哪里出了差错，甚至是上帝创造世界时出了差错，而不是首先在自己生、养、呵护的宝贝孩子身上找错？而人们最容易起疑的地方，则是那唯一的经验数据（以及一个测量角度），因为这些数据是计算的基础，而这些数据的不可靠又广为人知，以致法国人自从1669年以来就一直进行他们的等级测量。但牛顿却相当草率地根据那些庸常报告而接受了以英里计算的棘手数据。这是一个提出了真实的、解释了世界的假设的人受到了误导？肯定不是，如果他的这一假设真的是他自己提出的话！相比之下，我却知道谁会出现这样的情况。那就是别人家的孩子，被不情愿的主人让进这一家里。男主人就（挽着他那生育不良的夫人的手，而这位夫人也只是生育了一次，并且生下的是个怪胎）在那乜着眼、妒忌地看着，他也只是奉命让这些别人的孩子接受检验，心中希望他们无法通过检验；一旦他们无法通过，就马上挂着一抹轻蔑的笑容把他们逐出屋子。

这一论据至少对我是甚有分量的，以致我认为这完全证实了那些声称（引力的基本思想应该归功于胡克，牛顿只是通过计算证实了胡克的思想）。据此，可怜的胡克与哥伦布是同样的遭遇：美洲称为"阿美利加"，引力系统就称为"牛顿万有引力体系"。

此外，至于上面提到的七色怪论，在歌德的颜色理论提出40年以后，仍然享有很大的威望，那古老的关于"狭窄的裂缝"和七种颜色的应答祈祷仍在吟唱，罔顾所有明显的事实。这些自然是会让我迷惑的——假如我不是早已习惯了把同时代人的判断视为无法预料的东西。因此，我只把这当作是更多一重的证据，既证实了那些专业物理学家悲惨、可怜的素质，也证实了那所谓受过教育的公众不是去检验一个伟大人物所说过的话，而是虔诚地照样重复那些罪人们的言语，说歌德的颜色理论就是失败的、未经授权的尝试，是歌德一个值得原谅的弱点。

87

贝壳类化石是一个明显的事实存在。爱利亚学派的色诺芬早就知道这一事实，并对此给出了总体上算是正确的解释。但这一事实存在却被伏尔泰辩驳、否认，甚至被说成只是幻想（参见勃兰迪斯，《爱利亚学派评论》，第50页；伏尔泰，《哲学词典》"贝壳类"词条）。也就是说，任何甚至只是有可能被扭曲为证实了有关摩西的报道的东西，都是伏尔泰极不愿意承认的，在这一情形里就是大洪水。这是一个警醒的例子，说明一旦选边站，热切和热情是多么容易引导我们犯错。

88a

完整的石化就是完全的化学变化，里面不带任何机械性的变化。

88b

当我为观赏地球体的古代作品而审视一块新近折断的花岗石时，我根本不会相信这块原始的石头是透过某种聚变和结晶，以一种干巴巴的方式而生成，也不会是透过升华、透过沉淀而生成。在我看来，那肯定是经过了某种完全不同的、现在已经没有的化学程序。某种金属和类金属的混合物快速和同一时间燃烧，并与那马上就产生作用的燃烧产物的亲和力结合起来——这是最接近我对此的想法。人们是否曾经尝试过把硅、铝等，以其组合（花岗石的）矿物土中原子团的比例混合一起，然后让其在水下或者在空气中快速燃烧？

在肉眼可见的自然发生的例子中，最常见的是只要是死亡了的植物体，例如腐败、霉烂的树的躯干、枝杈或者根部，就会有蘑菇类快速生长出来，蘑菇类甚至就只是在此处生长起来。但一般来说，这些不是分散的，而是一拨一堆地长出来。显而易见，这不是听任偶然地这一处那一处撒下的种子决定了地点，而是在那腐烂的植物体给了那无处不在的生存意欲以合适的材料，让生存意欲马上抓住了。至于这些蘑菇类随后透过种子而繁殖，并没有与上述相矛盾，因为这适用于所有活的、有种子的，但曾几何时却必须在没有种子的情况下形成的东西。

89

比较一下相隔相当遥远的不同地区的河鱼，或许就会得到关于大自然的原初创造力的最清晰的证明：这大自然的原初创造力，在相似的地点和情形下，以相似的方式发挥出来。在大概同样的地理纬度、地形高度，以及同样的河流体积和深度，甚至在彼此相隔至为遥远的两个地方，会发现要么是完全同样的，要么就是非常相似的鱼类。我们只需想想几乎所有山区的溪流都有鳟鱼。那是有目的引进所致的猜测，就这些动物而言，在大多数情况下都站不住脚。鸟儿吃了鱼卵但没有消化掉而导致这些鱼类传播的说法，对遥远的距离来说并没有足够的说服力，因为在比它们的行程要短的时间里，鸟儿的消化过程就已经完成了。并且我也想知道那种不消化鱼卵，亦即违反目的吃鱼卵的说法是否正确，因为我们的确是很好地消化了鱼子酱，但鸟儿的嗉囊和胃部甚至是为了消化坚硬的种子而设。如果人们想要把河鱼的起源追溯到上一次的全球大洪水，那人们忘了：这些河鱼是出自海水而不是河水。

90

我们要理解从盐水形成立方晶体，并不比理解从鸡蛋中的液体形成小鸡更容易。再有，在这与自然生成之间，拉马克认为没有发现本质上的区别。但这样的区别还是存在的，也就是说，从鸡蛋中只能出来某一特定的种类，而这就是"明确生成"。人们又会反对说，每一精确地规定了的注入，也只会产生出某一确定了的极微小的动物。

91

面对那些最难的难题——要解决这些难题人们几乎是绝望的——我们所拥有的极少的资料，就必须尽可能地加以利用，以便从这些组合中可以引出点点的东西。

在《瘟疫记事》（1825）里，我们发现在 14 世纪，在黑死病减少了整个欧洲、大半个亚洲，甚至还有非洲的人口以后，人类马上就出现了异乎寻常的生育高潮，尤其是双胞胎的出生变得相当频繁。与此相吻合，卡斯帕（《人的大概寿命》，1835）以四次重复的大规模的经验为支撑证据，告诉我们：在某一地区的既定人口中，死亡和寿命的长度总是与婴儿出生数目同步的，以致死亡数目和出生数目以同样的比例增加和减少。这一点通过许多国家及其不同的省份所累积的证据，证明是毫无疑问的。不过，卡斯帕只是错在把原因和结果混淆了，因为他把出生的增加当作是死亡增加的原因。但我坚信实情恰恰相反，而这点也与舒努勒所提供的不寻常现象（但他似乎并不晓得这不寻常的现象）相吻合，即死亡人数的增加并不是通过物理的影响，而是通过某种形而上的关联引致人口出生的增加。这一点我在我的主要著作第2卷第41章第507页（第3版，第575页）已经讨论过了。所以，总的来说，出生的数目取决于死亡的数目。

据此，或许有这样的自然规律，即人类的生育能力——这也只是大自然的总体繁殖力的一种特别形态——会因与其对抗的原因而加强，也就是与其阻力一道提升；因此，人们可在"做必要的修正"之后，把这一规律隶属于马里奥特定理，即阻力随着压力的增大而增大，以致无穷。那么，我们假设那与生育能力对抗的原因经由瘟疫、大自然的公转等的破坏而出现了，达到了前所未有的规模和效果，在这之后，生育能力也就必然再度提升至完全是前所未见的高度。最后，因为那对抗多育的原因如此强烈，我们走到了极点，亦即人类悉数灭绝，那受到如此挤压的多育能力就会达到了与此挤压相称的力度，因此就会有了如此的张力，现在就能成就看上去是不可能的事情。也就是说，既然"明确生成"，亦即从相同的东西生成相同的东西的路子被堵住了，那就扑向了"模糊生成"。但是，在最低等的动物那里所表现出来的这些，却难以想象地表现在动物王国的较高阶那里：狮子、狼、大象、猿猴，甚至人的形态，永远不可能依照纤毛虫、消化道寄生虫和寄生物的式样生成，即大致上直接从那凝结的、太阳孵育的大海的沉淀物，或者黏液，或者从腐烂的有机团块中冒出，而只能理解为"在另一不同的子宫中生成"，所以，就是出自得天独厚的一对动物的子宫，或更准确地说卵子——这是在那种属的生命力经由某些东西受到了阻滞，并在这一对身上得到了积聚和异常提升以后发生的事情：现在，就在某一星云的时刻，在行星处于正确的位置和所有有利于大气的、地球的和天体的影响恰好俱足时，那例外出现的就不再是与这种属同样的东西，而是与其紧密类似的、但却是比这更高一级的形态。这样，这次这一对就不只是繁殖出一个个体，而是一个种属。当然，出现这样的情形，只有在最低等的动物经由平常的"模糊生成"，从活着的植物的有机腐败或者从细胞组织中一直攀升到得见天日、成为将要到来的动物种类的使者和先驱以后。发生这样的事情，必然是在每一次的地球巨变之后，而这些巨变至少已经三次完全毁灭了这行星上的所有生物，以致需要重新燃起生命；而这之后，每一次生命都更加完美，亦即以更接近现在的动物群的形态出现。但只是在最近一次的大灾难以后，在地球表面出现的动物系列中所发生的已升级至形成人类——而在那更上一次的灾难以后，甚至已经形成了猿猴一属。我们看到无尾目动物在有了自己的、更完美的形态之前，过的是鱼类的生活。并且根据某一当今普遍承认的观察，每一个胎儿都要连续经过几个在其达至自身种属级别之前的级别。为何每一新的和更高级的物种，其升级和生成不是透过胎儿形状而一举超越了这胎儿的母亲的形状？这本应是唯一理性的，亦即从理性角度可以设想出来的物种生成方式。

但我们必须想到这种升级并不是沿着单一直线，而是沿着多条并排的升级线路。所以，例如，曾经从那鱼的卵里出来了一条蛇，另一次从这蛇的卵里出来了一条蜥蜴；但与此同时，从另一条鱼的卵子里出来的是某一蛙类，然后，从这蛙类的卵子出来了某一龟鳖类；从第三条鱼的卵子生出了某一鲸类，然后，这鲸类又再度生出了海豹，而最终，那海豹生出了海象；或许从鸭子的蛋生出了鸭嘴兽，从鸵鸟蛋生出了某种更大的哺乳动物。总的来说，这些事情必然是在地球上的许多地方彼此独立地发生，但无论在哪里都是发生在马上就很明确、清晰的阶段，都给出了某一固定、持久的种属，而不是在逐渐的、模糊不清的过渡期中发生，因而并不类似于从低八度音逐渐升至、吼至最高的八度音，而是类似于沿着有其明确起止而上升的音阶。我们不想隐瞒这一点：我们依此只能设想最早的人在亚洲是从红毛人猿，在非洲则是从黑猩猩而来——虽然并不是作为人猿，而是马上就生成为人。值得注意的是，这一起源甚至也是一个佛教神话所教导的，见于艾萨克·雅克布·施密特的《对蒙古人和藏人的探究》（第 210—214 页），也见《新亚洲杂志》（1831 年 3 月）中克拉普罗特著《佛教的残篇》和科本斯的《喇嘛教的等级》（第 45 页）。

在此所说的"在别的子宫中的模糊生成"的思想，是首先由《宇宙的自然历史痕迹》（1847，第 6 版）的无名作者提出来的，虽然一点都没有那应有的清晰和明确，因为作者把这个观点与一些站不住脚的假设和离谱的谬误紧密地交织在一起。这归根到底是因为作者是英国人，每一个超出了物理学的假设，亦即每一个形而上的假设，都会马上与希伯来的一神论合并在一起。也正是为了避免这一点，他就不当地扩展了物理学的范围。正因为缺少在思辨哲学或形而上学方面的修养，一个英国人是完全没有能力对大自然有一种思想上的领会和把握，因此他并不知道在把大自然的作用理解为根据严格的或许是机械的规律性而展开，与把大自然的作用领会为希伯来神祇（他称为"造物主"）预先想好的艺术制品之间，还有中间一途。教士们，英国的教士们，对此难辞其咎。这些人是所有愚民主义者中的最狡猾者。他们伤害人民的头脑至这样的程度，甚至在那些最有知识和最开明的人中，其根本思想的体系也是至为粗糙的物质主义和最笨拙的犹太迷信的大杂烩。这两者就像醋和油一样地摇匀在一起，就看它们如何兼容了。还有，由于接受了牛津的教育，那些"绅士"、"爵士"们也大体上还是属于群氓的。但只要受教育的阶层，其教育是交由牛津的正统蛮牛去完成，那这种情形就不会有所改善。到了 1859 年，我们在法裔美国人阿加斯的《论分类》一文中，仍然发现同样的立场观点。他仍然面对同样的选择：有机的世界要么是纯粹偶然的结果：这偶然把这世界胡乱地拼凑在了一起，成了在物理和化学力量作用之下大自然的奇妙现象；要么就是在认识（这一动物性的功能）之光下，在深思熟虑和算计以后巧妙完成的艺术杰作。这两种观点都是一样的错误，都是基于那种幼稚的唯实论，而唯实论在康德出现 80 年以后已完全是丢人现眼的东西了。所以，阿加斯就像一个美国鞋匠似的哲学论辩有机生物的起源。如果那些先生们除了他们的自然科学以外，就再没学到什么，也不想学到什么，那他们在其文章中就必须不要越过这些半步，而是"最严格地"固守其经验主义，以防就像阿加斯先生那样糟蹋自己，就像老妇人一样地谈论自然的起源，让自己成了众人的笑谈。

根据舒努勒和卡斯帕所提出的法则往另一方向推论，可得出这一结果：很明显，随着我们成功地透过正确利用所有的自然力和每一方寸的土地，以减轻最低层民众的不幸，这一很传神地被称为无产阶级的民众数目就会增加，那苦难也就由此一再地重新出现。这是因为性欲总是会增加饥饿，正如这饥饿一旦满足了就会促进性欲。以上法则会向我们保证：这情形不会最终引致地球真正超出太多的人口——这一灾难的恐怖之处，就算是最生动的想象力也无法描绘。也就是说，根据这正在谈论中的法则，在地球有了尽其所能养育的最大人口以后，种属的繁殖就会降至还不足以填补死去的人口的程度，而在每一次变故增加了死亡以后，又会让人口恢复到最大数目之下。

92

在地球的不同地方，在同样或者类似的气候、地形和环境条件下，会生成同样或者类似的植物和动物。所以，一些物种（Spezies）非常相似，但并不相同［这就是属（Genus）的概念］，许多还可分为种和类——这些不可能是互相从彼此那里生成，虽然那物种是同样的。这是因为物种的同一并不意味着起源的同一和出自唯一的一对[1]，而是在一样的环境但在不同的地方，大自然重复了同样的程序，并且相当的小心谨慎，不会放任某一物种（尤其是高级的物种）相当不安全地存在，即不会孤注一掷并从而把大自然艰难取得的成果暴露在千百种危险之中。大自然知道自己意欲的是什么，会坚定地意欲它，并相应地行事。但机会却永远不是只有唯一一次。

那么，那些从不曾被驯服的非洲大象，其耳朵相当宽大，盖过了脖子，而母大象也同样有獠牙——它们不可能出自那些好叫和聪明的亚洲大象：这些亚洲母大象并没有獠牙，耳朵也远远没有那么宽大；同样，那些美洲短吻鳄不可能出自尼罗河的鳄鱼，因为两者在牙齿和脖子后面的鳞甲数目方面就可以区分开来；也同样，黑人不可能出自高加索人种。

但是，人类却很有可能只是在三处地方生成，因为我们只有指示出原初种族三种明确分开的类型：高加索人种、蒙古人种和埃塞俄比亚人种，并且这些生成也只能在古老世界中发生。这是因为在澳大利亚，大自然无法产生出猿猴，但

---

[1] 后来的版本增加了内容。内容是：这总体来说是一个相当荒谬的设想，谁又会相信：所有的橡树是从最初的唯一一株橡树而来，所有的老鼠来自最初的一对老鼠，所有的狼来自最初的一对狼？——译者注

在美洲却只有长尾猴而没有短尾猴，更不用说那最高级的、无尾类人猿——这些类人猿就占据排在人类之前的位置。大自然不会跳跃、突变。再者，人类的起源只有在回归线之间开始，因为在其他地带的话，那新生儿就会在第一个冬季中丧生。这是因为新生儿虽然不是没有母亲的照顾，但在成长时并没有得到教诲，也没有继承了祖先的知识。所以，在大自然可以把其婴儿送到冰冷、严酷的世界中去的时候，这婴儿起初必须依偎在大自然温暖的怀抱。但在热带地区，人却是黑色的或者至少是深褐色的。这些是不分种族的人类真正的、自然和特有的肤色，也从来不曾有过本来是白色的人种。的确，谈论这样的白色人种，把人幼稚地分为白色、黄色和黑色，就像在所有书本里面仍在做的那样，证实了严重的先入为主和缺乏深思。早在我的主要著作（第 2 卷，第 44 章，第 550 页；也见第 3 版，第 625 页）中，我就已经简短讨论过了这个话题，并说过这大自然的母腹从来就不曾原初产生过一个白人。人只有在回归线地带才是舒适自在的，在此，人们都是褐色的或者深棕色的，只是在美洲并不普遍都是这样，因为这个大洲的大部分已被褪了色的人种所居住，主要是中国人。但在巴西森林中的野人却是黑褐色的。[1] 只是在人们离开对他而言唯一是自然的、在回归线之间的地

---

[1] 那些野人并不是原始人，正如在南美的野狗并不是原始狗一样。这些野狗只是后来变野了，那些野人也是后来变野了，是某一文明开化的民族的后裔，其祖上迷了路或者流落到那里，无法保留其原先的文化。

带，并在这以外的地方长时间繁殖以后，以及由于其种属的增长而扩展地盘至更寒冷的地带以后，人才变得浅色和最终的白色。所以，只是因为在温暖和寒冷地区的气候影响，欧洲人口部族才逐渐变白。这一过程是多么的缓慢——这一点我们可从茨冈人那里看到：茨冈人是来自印度的一个部族，自从15世纪初就游牧至欧洲，其肤色也仍然大约是在印度人和我们之间。这同样也见之于黑奴的家人：他们自300年来在北美繁殖和衍生，肤色也变淡了一些，尽管这变淡的进程由于他们与新来的乌木一般黑肤色的移民相混合而耽搁了，而茨冈人却并没有得到这方面的更新。这些从其天然家园被放逐出来的人，其肤色变白最近的自然原因，我估计就是在热带的气候中，光和热在生发层产生了缓慢但却持续的碳酸脱氧化，而这碳酸在我们那里却透过毛孔而未受分解。碳酸的脱氧化留下了如此之多的碳，足以给皮肤着色；黑人的那种特殊气味或许也与此有关。至于在白人中，低下的体力劳作的阶层一般都比高地位的白人要黑，可以从他们出汗更多得到解释，而这出汗发挥的作用类似于热的气候，虽然程度上远不如热的气候。那么，据此，我们种族的亚当无论如何就要被视为黑色的，而画家把第一个人表现为因褪色而形成了白色则是可笑的；再者，既然耶和华是根据自己的形象而创造了他，那耶和华在艺术作品中也要表现为黑色。但人们可以让其有传统的白胡子，因为稀疏的胡子并非与黑肤色联系在一起，而只是与埃塞俄比亚人种相关。的确，甚至人们在中近东国家和在某些意大利教堂中所见到的最古老的圣母像，圣母连同基督都是脸色黝黑的！事实上，上帝的整族选民过去都是黑色或者深褐色的，直至现在仍然比我们要黑，而我们是源自更早时期移民的异教部落。但现在的叙利亚居住的却是混血的人种，部分是源自北亚（例如土库曼人）。同样，佛陀有时候也被表现为黑色肤色，甚至孔子也是这样（戴维斯，《中国人》，第 2 卷，第 66 页）。至于白色面孔，则是某种退化，是不自然的，这可从非洲内陆的某些部族在第一眼看到这样的面孔时感到恶心和厌恶得到证明：对这些部落的人来说，这样白色的脸看上去就是病态的退化。一个非洲姑娘相当友好地以奶招待在非洲的一个旅行者，并对他唱道："可怜的陌生人，我们多么同情你，你是那样的苍白！"拜伦的《唐璜》（第 12 章，第 70 节）中一句注释是这样的："丹纳姆少校说，在他到非洲旅行以后第一次见到欧洲的女人时，那些女人的脸容看上去就像是不自然的和有病的。"但那些人种志学家仿照布封的样子（弗罗伦，《布封的作品和思想》，巴黎，1844，第 166 页及以下）仍旧充满自信地谈论白种人、黄种人、红种人和黑种人，把肤色作为他们人种划分的基础，而事实上这肤色却一点都不是关键性的东西，其差别的起源就只是某一原始种族距人类的唯一本土温带或大或小和或早或迟的远离而已；所以，在这温带以外，人只能在非自然的维护之下生存，正如热带的花卉在温室过冬一样。但在这个过程中，人就逐渐地、并且首先在颜色方面退化。至于褪色以后，蒙古人种的肤色变得比高加索人种有点黄，那当然可以是基于人种的差别。至于最高级的文明和文化——古印度和埃及除外——唯独只发现于白色的民族；甚至在许多黑肤色民族中，统治的阶层或者统治的宗族，其肤色比其他人的肤色要浅，并因此明显是外来移民，例如婆罗门、印加人以及南海岛屿的统治者——那是因为困境出技巧，因为那些很早就迁移到北方并在那里逐渐褪色变白的部族，在北方与气候所带来的各种各样的艰难和匮乏作斗争时，不得不发掘了他们所有的智力，发明和发展出全部的技艺，以补足微薄和匮乏的大自然。他们高度的文明也就由此而来。

　　正如暗黑的肤色对人来说是天然的，同样，素食也是如此。但正如暗黑的肤色一样，人们也只是在热带地区才可以保持吃素。当人们去更寒冷的地区，为应付对他们而言非自然的气候，他们就必须食用对他们而言非自然的食品。在真正的北方，人没有肉食是不可能生存下来的。有人曾经告诉我，在哥本哈根，6个星期的监禁，严格地、没有例外地只有水和面包，那会被视为危及生命。所以，人们是在同一时间变白和吃肉的。但恰恰因此，也正如由于穿上厚重的衣服，人们就有了某种不纯净的和让人恶心的状态，而这是其他动物所没有的，至少处于其天然状态的动物所没有的。人们也就必须相应通过不断的和特别的清洁工夫，以让自己不那么招人反感。所以，这些清洁工夫也只是富有、生活舒适的阶层才可能有的，因此也就是意大利语准确称为的"干净的人"（gente pulita）。穿着更厚重的衣服的另一个结果就是：正当所有的动物都以其天然的形态、遮蔽物和颜色走动，并呈现出某种合乎自然的、让人赏心悦目的样子，人类却穿着各式各样的、经常是相当古怪和离奇的，此外也经常是寒酸、褴褛的衣服，在动物中滑稽可笑地走动着；那形态与整体不相吻合、格格不入，因为他们的形态并不像其他形态那样是大自然的作品，而是裁缝师的作品。因此，那就是对这世界的和谐整体的无礼扰乱。有高贵感觉和趣味的古人为了缓和这里所说的不好之处，就采用尽量轻便的遮蔽衣服，衣服做得不会是紧贴身体以致成为一体，而是把这外来的东西与身体分开，让人的形态的各个部分都尽可能清楚地表现出来。由于与这相反的观念的缘故，中世纪和近代的衣服就是毫无趣味、野蛮的和让人厌恶的。但最让人恶心的就是被称为"贵妇人"的女人今天的服饰，其缺乏趣味，模仿自其曾祖母，最大可能地扭曲了人体的形态，并且在女士圈裙的束包下，其宽度与高度做成了一样，让人怀疑积聚了不干净的气味，这就让其不仅是可憎的，让人反感的，而且是让人恶心的。

92a

人与动物在身体上的某一不为人注意的不同，就是人的巩膜上的眼白始终是看得见的。马修上尉说，现在在伦敦看到的布须曼人却不是这样：他们的眼睛是圆的，让人看不到白色的地方。但歌德却与此相反：眼白通常都是可见的，甚至在虹膜之上也是如此。

93

　　生命可以定义为某一形体的状态：在此状态中，尽管物质不断地变化，但这形态的根本（实体性）形式却始终得到保持。有人会反驳我说：某一旋涡或者瀑布也是在物质的不断变化之下保持着其形式。对此的回答是：对这些旋涡和瀑布来说，其形式并不是根本的，而在遵循普遍的自然法则过程中完完全全就是偶然的，因为这些形式取决于外在情形，我们可以通过改变外在的情形来随意改变其形式，但又不会因此而触动其根本性的东西。

94

　　反对生命力这一设想的论战已成了今时今日的时髦，但尽管这些反对貌似声势不凡，却应称为不仅错误，而且还绝对的愚蠢。这是因为谁要是否定生命力，那也就从根本上否定了他自己的存在，因而可以炫耀自己已经达到了荒谬思想的顶点。但如果这狂妄、荒唐的想法来自医生和药剂师，那这些胡言就还包含了最可耻的忘恩负义，因为正是生命力战胜了疾病和带来了痊愈，而那些先生们在这之后就攫取和敛收钱财。除非有某一独特的自然力（其本质是依照目的而行事，正如重力在本质上是让物体彼此靠近），活动着、引导着和调节着这整个复杂的机体装置，在这机体中的展现就如同重力在下落和吸引现象中的展现，电力在所有透过摩擦机或者伏打点堆所引致的现象中的展现，等等——除非是这样，否则，生命就是一个假象、幻象；并且每一生物事实上只是一个自动的物体，亦即机械的、物理的和化学的力在那运作，而集合成这一现象要么是由于偶然，要么是出自某一艺术家的目的，因为他就喜欢这个样子。当然，在动物性机体里，物理和化学的力是在作用的，但把这些集合起来和加以引导，以致某一符合目的的机体由此产生出来却是生命力：这生命力据此控制着上述那种种的力并调节、修正其作用；在此这些作用只是处于从属的地位。而相信只是这些力造成了一个机体，那不仅只是错误，而且是愚蠢，就像我所说的。那生命力本身就是意欲。

人们想要把这一点看作是生命力与所有其他自然力的根本差别：生命力一旦离开了某一物体，就不会再度回去。真正说来，无机大自然的力只有在例外的情形下才会离开其一旦控制了的物体，例如，可以通过烧红的铁块而夺走其磁性和通过新的磁化而让其重新获得磁性。至于电力的接收和失去，我们更可以明确宣示这同样的道理，虽然必须认为物体并非从外在接受这电力本身，而只是接受那刺激，而这刺激的结果就是身体里面已存在的电力，现在就以 ＋ E 和 － E 分开了。相比之下，重力却永远不会离开某一物体，其化学特质也是如此。也就是说，这些东西在与其他物体结合以后只是潜藏起来了，在这解体以后就会无损地再度出现。例如，硫会变成硫酸，硫酸又会变成石膏（硫酸钙），但通过接连的分解，这两者都会变回硫。但生命力在离开物体以后，就不会重新回来。原因就是生命力并不像无机大自然的力那样只是依附于物质材料，而是首要依附于形式。生命力的活动恰恰就在于产生和维持（亦即持续地产生）这一形式；所以，一旦这生命力离开了某一物体，那这物体的形式也就毁灭了，起码在其更细腻的部分是毁灭了。产生出这形式有其规律性的，甚至计划性的过程，有其要产生的东西的确定次序，因而就是有开始、手段和进展。所以，生命力不论在哪里重新出现，都必须完全从头开始其组织，所以，生命力不可以再度接过那剩下来的、并的确已经在衰败中的东西，因此就是不会像磁性那样又来又去的。在此谈论的生命力与其他自然力的差别，就在于此。

生命力与意欲是绝对同一的那在自我意识中作为意欲出现的东西，在无意识的机体生命中就是那机体生命的原动力，这原动力被描述为生命力就是相当贴切的。仅从与此的类比就可推论：其他自然力从根本上也是与意欲同一的；只不过意欲在这些其他自然力中处于某一较低级别的客体化。所以，试图以无机的大自然去解释那有机的大自然，亦即去解释生命、认知和意欲活动，就等于想要以现象（这种只是脑髓的现象）去推论出自在之物，犹如以影子去解释身体。

生命力作为原初的力，作为形而上的东西，作为自在之物，作为意欲是不会疲倦的，因而是不需要休息的。但其现象形式、肌肉能力、感觉能力和新陈代谢能力，当然是会疲倦和需要休息的。其实，这只是因为这些首先是要通过克服较低级别的意欲现象而产生出、维持住和控制着机体，而那些较低级别的意欲现象对同样的物质有着更优先的权利。这点可从肌肉力量最直接地看出来，因为肌肉力量不得不持续地与重力作斗争；所以，肌肉力量是最快疲倦下来的，但每一次的依靠、支撑、坐下、躺下也都帮助其休息。也正因为这样，这些休息的姿势对感觉能力的最强消耗，亦即对思维活动是有利的，因为生命力也就可以全部集中投入到这一功能中，尤其是当这生命力并没有被第三种能力、被新陈代谢的能力所占用，例如在正当消化的过程中。但是，每个有着某些自主思考的人都会留意到：在室外的空气中散步对提升自己的独特思想大有助益。但我把这归因于呼吸程序由于运动而加快了，而呼吸程序既加强和加快了血液循环，也更好地为血液提供了氧气。这样的话，首先，那脑髓双重的运动（也就是说，随着每一次呼吸的运动和随着每一次脉搏跳动的运动）变得更快、更有能量，脑髓血管的充盈压力也变得更紧张；其次，那更完美的带氧和脱碳、因而是更带活力的动脉血液透过从颈动脉出发的血管分支，渗进了脑髓的全部实体物质，并提升了脑髓的内在活力。所有这些所导致的活跃的思维能力，只要走路的人一点都不觉得疲倦，仍然得以维持。这是因为一旦有了点点的疲劳，那现在强迫使用肌肉力量就会分摊了生命力，感觉力量的活跃性也就因此降低了；如果是相当疲倦的话，那感觉能力甚至降至麻木的程度。

感觉能力却又只能在睡眠中得到休息，因而可以经受更长时间的活动。正当肌肉能力与感觉能力同时在晚上休息时，生命力就无例外地现身为新陈代谢的能力，因为生命力只能以其三种形式之一集中和全力地发挥作用。所以，身体各部分的形成和滋养，尤其是对脑髓的营养，以及各种发育、补偿、治疗，因而也就是大自然的治愈力的各种各样的作用，特别是在有益的疾病关头，都首要是在睡眠中进行。正因此，要保持健康，因此也就是要长寿，一个首要的条件就是能够经常享有不间断的沉实睡眠。但把睡眠尽量地延长却不是好的做法，因为在长度上获得的在深度上就失去了，而恰恰是在深度睡眠中，上述机体生命程序才可以完美进行。由此看得出来：即在某一晚上被打搅和缩短了睡眠以后，第二晚的睡眠就不可避免地更为深沉。人在醒来以后，明显地感到精神振奋、更添活力。这些极其有益的深度睡眠是不可以被其长度所取代的，而恰恰是通过限制其长度而达到那深度。这一说法也就是基于这一道理：所有高寿者都是早起者；就正如荷马所说的："甚至过量的睡眠也是一种负担。"（《奥德赛》，15，394）[1] 所以，如果我们较早就自动醒来，那就不要力求重新入睡，而是要起来，与歌德一道说出：

睡眠就是个空壳，把它扔掉吧。

——《浮士德》，2，第 4661 行

上面所说的深度睡眠的有益作用在催眠中达到了最高一级，

---

[1] 参见《作为意欲和表象的世界》，第 3 版，第 2 卷，第 274 页。

因为催眠是最深沉的睡眠。所以，这种睡眠就是对付许多疾病的万应灵药。如同有机生命的所有功能一样，在睡眠中，因为脑髓活动的暂停，消化得以更轻松、容易地进行。所以，在餐后睡上10到15分钟或半个小时是有益的；喝杯咖啡也会带来好处，因为咖啡加快了消化。相比之下，太长的睡眠是不好的，甚至可能是危险的——而我对此的解释，就是在睡眠中，一方面呼吸是明显地减慢和减弱了，但在另一方面，一旦因睡眠而加快了的消化进展到产生乳酶，那乳酶就流进了血液，并把血液高度碳化了，以致这血液比一般时候都更需要透过呼吸程序以去碳。但这时候呼吸却因为睡眠而减慢了，氧化和循环也随着减慢。那些白色、细嫩皮肤的人餐后在长时间睡眠以后，我们就能明显看到这所导致的后果，因为他们的脸和巩膜是某种黄褐色，即较高碳化的症状（这午后睡觉的坏处的理论至少在英格兰是不为人知的，我们从梅奥（Mayo）的《生活的哲学》第168页看得出来）。出于同样的理由，那些血液充盈、矮实敦壮的人，中午长睡会有中风的风险。由于这样的午睡，还有晚上大量的进餐，人们甚至可以观察到瘰病——这从同样的原理轻易就可得到解释。由此也可清楚为什么每天只大吃一顿很容易造成危害，因为这样不仅让胃部一次性过分地工作，而且在如此大增了乳酶以后，也让肺一次性增加了太多的工作。此外，至于呼吸在睡眠中减缓，对此的解释就是呼吸是一种结合的功能，亦即呼吸部分是从脊髓神经出发，并且就此是一种反射运动，而这样的反射运动在睡眠中也是持续的；另外，呼吸也是从脑髓神经出发，并因此受意识的自主支配，而在睡眠中这自主部分的停顿就减缓了呼吸，也造成了打鼾（更详细的内容参见马绍尔·荷尔的《神经系统的疾病》，第290—311页，并比较弗洛伦斯的《神经系统》，第2版，第11章）。从脑髓神经参与到呼吸，也就可以解释为何在我们集中脑髓活力去尽力思考或者阅读时，呼吸会变得更轻和更慢，正如纳瑟所观察到的情形。相比之下，消耗肌肉力量和强力的感情，如欢乐、愤怒，等等，除了加快血液循环，也会加快呼吸；所以，愤怒一点都不是绝对有害的，如果能恰如其分地发泄这怒气，那会对不少正因此而本能地要找机会发泄怒气的人带来不少益处，尤其是这种泄怒会在同一时间有助于宣泄胆汁。

证明在此考察的三种基本生理力互相平衡的证据，就是这不容置疑的事实：黑人比其他人种有更多的体力，所以，他们在感觉能力上所欠缺的在肌肉能力上就有了更多。这样，他们当然更接近于动物，因为所有这些在比例上都比人类更有肌肉的力量。

至于个体中的三种基本力量，我建议大家阅读《论大自然的意欲》中"生理学"一章的结尾。

95

我们可以把活着的动物性机体视为没有原动力的一台机器，一系列没有开始的运动，一连串没有首要原因的因和果——如果那生命并没有与外在世界接触就展开其进程的话。但这接触点却是那呼吸的程序：那是与外在世界最近的和最根本的联系环节，并提供了首次推动。所以，生命的运动必须被理解为从此而出，那就是被理解为因果链条中的第一环。所以，一点点空气就作为生命的最早冲动，亦即最早的外在原因。那点点的空气在渗进和氧化的时候开始了其他程序，而生命就是其结果。那从内在而出、迎合这些外在的原因的，就是表明要呼吸的激烈渴求，要呼吸的无法遏止的冲动，因而直接表明就是意欲。生命的第二个外在原因就是营养。这也是开始从外在作为动因而发挥作用的，但却不像空气那样迫切和刻不容缓：营养只是在胃里才开始其生理上的因果作用。李比希推算出了有机大自然的预算和勾勒出其收支的平衡。

96

哲学和生理学在这两百年间走过的却是一段漂亮的路，从笛卡尔的松果腺和推动这"松果腺"，甚至受这松果腺推动的"元精"，到查尔斯·贝尔的脊椎运动神经、感觉神经和马歇尔·霍尔的反射运动。马歇尔·霍尔在出色的《论神经系统的疾病》一书中所阐述的关于反射运动的绝妙发现，是关于不由自主的动作，亦即不需借助智力而达成的动作的理论，虽然这些动作必然还是发自意欲。至于这理论展现了我的形而上学，因为这理论有助于厘清意欲和有意识的自主随意的差别——这在我的主要著作第 2 卷第 20 章分析过了。

在此，我写出一些就霍尔的理论所引发的议论。

在进入冷水浴缸的时候，呼吸会马上加快了许多；如果浴缸的水相当寒冷，那这种效应在走出浴缸以后还会持续一阵子。对此，马歇尔·霍尔在《论神经系统的疾病》§302中解释为是由寒冷突然作用在脊椎上所引发的反射运动。除了这其中的作用原因，我想补充这一目的原因：大自然想尽快地弥补突然而来的热量流失，而增加呼吸恰恰就是其中的手段，因为呼吸是热量的内在源泉。增加呼吸的次要结果，即动脉血液增加和静脉血液减少，伴随着对神经的直接作用，有可能在很大程度上造成了那种无比清明、愉悦和纯粹观照的心态，而这是冷水浴后通常都会产生的直接结果，并且水越冷就越是这样。

打哈欠就属于反射运动。我怀疑打哈欠的更远因就是由于无聊、精神懈怠或者困倦所导致的脑髓短暂的失效，那么，脊髓现在就取得了相对脑髓的优势，并以自己之力产生了那古怪的挛动。相比之下，那经常同时伴随着打哈欠的伸展肢体，虽然是非故意进行，但还是由自主、随意所指挥，不再属于反射运动。我相信，正如打哈欠归根到底是由感觉能力欠缺而来，那伸展肢体则是由于肌肉能力的短暂超额积聚所致，人们也就伸展肢体以去掉这多余的积聚。据此，这只会在有力气的时候发生，而不会在力弱的时候。对于探索神经活动的本质，这一事实是值得考虑的：四肢被压着的话，会产生麻木，但值得注意的是在（脑髓）睡眠中，这是永远不会发生的。

小便的欲望在压制了以后会完全消失，迟些时候欲望又会再来，同样的事情再度重复。我对此的解释如下。让膀胱的括约肌处于关闭的状态是一种反射运动，由脊髓神经所维持，因而就是没有意识的和不是自主随意的。那么，当这些脊髓神经由于满溢的膀胱多施加了压力而感到疲倦和放松，其他属于大脑系统的神经就会马上接管其功能。这样，那关闭膀胱的括约肌就成了带意识的自主功能，并伴随着难受的感觉，直至脊髓神经放松了并再度接替那功能为止。这是可以多次重复的。至于我们在脑髓神经代理脊髓神经、有意识的功能据此代理着无意识的功能的时候，试图以手脚快速的运动来得到点点的放松，我的解释是：神经力量投向了那主动的、刺激起肌肉力量的神经时，感觉神经作为为脑髓传递那种不舒服感觉的信使，就在感觉能力方面有所失去。

　　我感到奇怪的是，马歇尔·霍尔并没有把笑和哭归入反射运动。这是因为这些作为明确的和不由自主的运动，毫无疑问属于反射运动。也就是说，我们无法想要笑和哭就可以笑和哭，正如我们无法自主打哈欠和打喷嚏一样，而只能拙劣地假装做出这些，别人也能马上就认出那是假装而已。这四种行为也同样很难压制。笑和哭只是因精神思想上的刺激而出现，所以与归入反射运动的勃起有共同之处；此外，笑完全可以通过在身体上挠挠而刺激起来。像逗笑一般，亦即思想、智力上的刺激，必须由此来解释：我们借助脑髓功能而突然认出了在某一直观的表象与某一在其他情况下是相匹配的抽象表象之间的不相协调，脑髓功能就独特地影响了延髓或者属于刺激—运动系统的某一部分，然后，这古怪、摇荡多个部位的反射运动由此而出。那第五对神经和迷走神经似乎在这里起到了主要的作用。

我的主要著作（第1卷，第60节）是这样说的：

生殖器官比身体的其他外在部位都多得多地受制于意欲，而一点都不受制于智力：的确，意欲在此展现的几乎是独立于智力的，就像其他那些只是随着受到的刺激而为植物生命服务的部位。

事实上，表象并不是作为动因对生殖器官发挥作用，就像其通常对意欲的那种作用方式，而只是作为刺激对生殖器官发挥作用，恰恰就是因为勃起是一种反射运动，因此是直接的，只要这表象是现时存在的话。也正因此，要持续某段时间发挥这样的作用的话，是需要这表象出现某些时间的。而某一表象要作为动因发挥作用的话，那表象出现极短时间以后经常就可以了，并且总的来说，其作用效果与其出现的时间并没有什么关系。（关于刺激与动因和其他种种的这一差别，读者可以在我的《伦理学的两个基本问题》第34页或第2版第32页以下，以及《论充足理由律的四重根》第2版第46页读到我的分析。）再者，某一表象对生殖器官所发挥的作用，并不像某一动因的表象那样可以通过某一其他表象而消除——除非那第一个表象被后者排挤出了意识，那第一个表象亦即不再现时存在了。据此，要完成交媾，女人的现时存在作为动因而作用于男人是不足够的（例如为了生育孩子或者履行义务，等等），就算这一动因是足够强大的，那女人的存在必须发挥出直接的刺激作用才行。

97

至于某种声音要被听到的话，就必须在1秒内发出至少16次振动，在我看来这就在于：这声音的震动必须传达给听觉神经，因为听觉并不像视觉那样，只是通过对神经所造成的印象而引出的刺激，而是需要神经本身被拉过来、拉过去的。所以，这些必须以特定的快速和短距离进行，这就迫使神经以尖锐的"之"字形方式，而不是圆圆的拐弯方式短暂折回。此外，这些必须在耳朵的迷路神经和耳蜗里自动进行，因为里面的骨头就是神经的共鸣板。但在那里环绕着听觉神经的淋巴，却因为没有弹性而减弱了骨头的反作用。

98

当我们考虑到根据最新的调查研究，白痴的头盖骨，还有黑人的头盖骨，唯独在其宽度上，亦即从太阳穴到太阳穴普遍不及其他人的头盖骨，而伟大的思想家却有着特别宽大的头颅，甚至柏拉图的名字也由此而来；再就是当我们承认头发变白是精神操劳和忧伤更甚于年老的结果，而头发变白一般都是从太阳穴开始，甚至一句西班牙谚语也说了："白发并不羞耻——如果那是从鬓角开始长出来的。"——那我们就有理由推测：脑髓在太阳穴下的部位是思考时尤其活跃之处。或许在将来，人们能够建立一套真正的头骨学，其内容完全有别于戈尔的那一套头骨学及其如此笨拙和荒谬的心理学基础，把脑髓器官假想为道德的素质。此外，灰、白的头发之于人，就等于在10月份红、黄的叶子之于树木，两者看上去经常都是挺好的，只要不掉落就可以了。

因为脑髓是由许多柔软的、中间有着不可胜数的分隔空间的折叠物和扎束物组成，在其空间也有黏湿的体液，所以，由于重力的缘故，所有的柔软部分就必然是部分弯曲着，而另一部分则彼此压着，而且头部处于不同的姿势，其方式就相当的不同，而这不是血管充盈所能完全克服的。虽然硬脑膜保护了更大团块的互相挤压（根据马根蒂的《生理学》第1卷第179页和亨普尔的《解剖学的入门基础》第768、775页），因为硬脑膜就在这些大团块之间，形成了大脑镰和小脑幕，但略过了更小的部分。那么，现在我们假设思维的过程是与脑髓组织确实的、哪怕是很小的运动紧密相连，姿势的影响就必然是相当巨大和即时的，因为这会导致更小部分组织的彼此挤压。但现在的情况可不是这样，这就证明了思考并不只是机械展开的事情。但头部的姿势却不是无所谓的，因为不仅是脑髓部分的互相挤压取决于头部姿势，而且不管怎样都有其作用的或大或小的血液流量也取决于这姿势。我的确发现如果我想要记忆起某样东西而不果时，然后我就大幅改变头部姿势而取得成功。总的来说，对思考最为有利的姿势似乎就是让脑底处于完全的水平位置。

所以，在人们沉思时，头部是略向前向下倾斜的。对于伟大的思想家，例如康德，这姿势就已成了习惯；卡丹奴也是这样说自己的（瓦尼尼，《圆形剧场》，第269页）。但这或许和部分是因为他们脑髓具有超常的重量，尤其是因为脑髓的前半部相对后半部重了太多，连带那细薄的脊髓和据此那细薄的脊椎骨。但在那些有着很厚的头骨，同时也是愚蠢的人那里可不是这样的情形；所以，这些人把鼻子仰得老高。此外，他们这样的脑袋也通过明显易见是厚和大的头盖骨暴露出来：由于头盖骨厚大，所以尽管脑袋厚大，但颅内空间却相当窄小。确实有某种头颅仰起、脊椎骨相当挺直的方式，我们不用多想，也不需这方面的知识就可以马上感觉到这是愚蠢的标志。这很可能是因为这些人的后半部脑髓有着与前半部分脑髓相等的重量——假如不是，甚至超过了前半部分脑髓的重量的话。正如向前低头的姿势有助于思考，那与此相反的姿势，亦即仰起头，甚至向后弯和上望的姿势会有助于暂时在记忆方面用劲，因为那些想要回忆起某样东西的人，经常会采用这种姿势，并且取得效果。与此相关的就是相当聪明的狗——我们都知道它能明白一部分人的言语的——当它们的主人跟它们说话、它们也在用力去猜出那些词语的意思的时候，它们就变换着把头倒向这一边和那一边。这让它们看上去相当的聪明和有趣。

99

我对这一观点是非常清楚明白的，即急性疾病，除去个别例子以外，不外就是大自然自身引入的治疗过程，目的就是要消除已在机体里蔓延的某些失序和混乱；为此目的，"大自然的治愈能力"现在就披着独裁暴力的外衣，采取非常的惩戒手段。而这就构成了明显感觉到的疾病。伤风感冒就给我们提供了这些普遍发生的事情最简单的典型。由于感冒着凉，外在皮肤的活动也就滞止了，通过发散、呼气而进行的有力排泄也就停滞了，这有可能引致个体的死亡。内在的皮肤、黏膜也就马上代替外在皮肤的功能，而感冒着凉之所以是疾病正在于此；但很明显，这救助手段只是针对真正的毛病，即针对皮肤功能的停滞状态，而不是针对感觉到的毛病。着凉感冒这一疾病，与其他疾病一样经历同样几个阶段：发病、加剧、高峰、减弱。开始时的急性病，慢慢就会变成慢性病，并且从现在开始就作为慢性病而持续着，直到那重大的、但本身不那么明显感觉到的问题，即皮肤滞止其功能的问题过去了为止。所以，让伤风感冒进入内在是有生命危险的。那同样的过程构成了绝大多数疾病的本质，而这些疾病其实就是"大自然的治愈能力"的药品。[1]对抗疗法竭尽全力地对抗这样的过程，而顺势疗法则力求加速或者加剧这一过程——如果不是因做得夸张变形而扰乱了大自然的

[1] 此后的版本中增加了注释，内容是：疾病本身就是大自然试图救助的一种方式，以此帮助在机体里拨乱反正。因此，医生的手段也就是帮助大自然治愈疾病。也只有一种治愈力，那就是大自然的治愈力。那些药丸和药膏是没有治愈力的，这些顶多是在可做一些事情之处给予大自然的治愈力一点提示而已。——译者注

话——起码是要让那由太过和偏颇所导致的反作用加速到来。据此，两种疗法都硬说比大自然更懂得这些事情，但大自然肯定知道自己的治疗方法的尺度和方向。所以，在所有不属于上述例外的疾病情形里，更应该推荐的是*物理疗法*。只有大自然以自己之力实施的治疗才是彻底的治疗。"一切非天然的东西都是不完美的"也适用于这里。医生的方法大都是指向症状，因为那些症状被视为就是那毛病本身；所以，经过医生这样的治疗以后，我们感觉并不舒服。相比之下，我们只需给予大自然时间，那大自然就会慢慢完成其治疗。在这之后，我们会感觉比在患病之前还要好，或者如果是个别某一部位有病，那这部位就会变得更强壮。我们可以从那些我们经常会有的小毛病那里，很方便和没有危险地观察到这一点。这会有例外，亦即会有只有医生才能帮助的情形——这点我是承认的，尤其对梅毒的治疗，那是医学的胜利。但绝大多数的痊愈纯粹只是大自然的作为，而医生只是捞取了费用而已——尽管疾病的痊愈没有医生的努力也会成功。假如这样的推理——"因为是在这之后发生的，所以这就是那发生的原因"——不是如此普遍的流行，那医生的名声和收费账单就会相当不妙了。医生的乖乖的客人会视自己的身体为钟表或者另外的机器一样的东西，如果其身上某一样东西功能失常，那就只需某一业余的机械师就能修复。但事情并不是这样的：身体是一个会自动修复的机器，通常发生的大大小小的功能毛病在经过或长或短的时间以后，会经由"身体的治愈能力"完全自动消除。所以，我们就让这种治疗能力自便和发挥吧："少看医生、少服药物。但医生毕竟是一种精神安慰。"

100

关于昆虫蜕化变形的必然性，我给出如下解释。在这些细小动物的现象下面的形而上之力是如此的渺小，以致其无法在同一期间开展和完成那动物生命的不同功能，所以，它必须把这些不同的功能分开，以连续地做出在更高级动物那里一气呵成的事情。据此，它把昆虫的生命分成两部分：在第一部分的幼虫状态中，形而上的力就唯独表现为新陈代谢的能力、吸收营养、身体造型。这样的幼虫生命的直接目标就只是产蛹。但由于蛹内完全是液态的，所以，这蛹就可被视为第二次的卵，那成虫在将来就由此卵而出。因此，准备好汁液，好让成虫由此而出——这就是幼虫生命的唯一目标。在昆虫生命的第二部分里——这一部分是由那卵一样的状态与第一部分分隔开来——那形而上的生命力就表现为百倍增加了的肌肉力量，应用于不知疲倦的飞行；表现为提升了的感觉能力、更完善的并经常是全新的感官和奇妙的本能、直觉；但首要表现为生殖功能——这就是现在最终的目标。相比之下，那吸收营养的功能就减少了许多，有时候甚至完全暂停了，那昆虫的生命以此有了某一全然超凡的特征。生命功能的这些完全改变和分离也就在某种程度上展现了两个连续活着的动物，这两个动物至为不同的形体对应着不同的功能。把这两个动物连接起来的是那蛹的卵样状态，准备好这蛹的内容和材质就是第一个动物的生命目标；第一个动物显著的造型力现在就在这蛹的状态里做出最终的事情——产生出第二个形体。因此，大自然，或者更准确地说，构成了变态动物基础的形而上的东西，在这些动物那里用两步完成了如果一次性去做则又会是太多的事情：那是把工作分开来做。据此，我们看到变态完成得最完美、最彻底的，是那些最明确显示出功能分开的动物，例如蝴蝶。也就是说，许多毛虫每天都吞吃它们重量双倍的食物；相比之下，许多蝴蝶与不少其他昆虫，在玩的状态中却一点都不吃东西的，例如蚕蛾等。而在一些昆虫那里，变态却是不彻底的：就算它们已处于完备的状态中，吸取营养却还在进行，例如蟋蟀、蝗虫、臭虫等。

101

那几乎为所有骨胶状放射动物所独有的在海上发出磷光，或许就像磷光本身那样是源自某一缓慢的燃烧过程，并的确正如脊椎动物的呼吸就是这种燃烧过程：这个燃烧过程就由整个表皮上的呼吸所替代，并因此是一种外在的缓慢燃烧，正如骨状放射动物的呼吸就是一种内在的燃烧。或者更准确地说，在海上的磷光那里发生着一种内在的燃烧，其光的演变纯粹只是因为所有这些骨胶状动物的透明而在外在也可见到。就此，人们可以大胆猜测：以肺部或者腮部的所有呼吸都是伴随着某种磷光的，所以，某一活体的胸腔的内部是发出光亮的。

102

如果植物和动物之间在客观上没有完全明确的差别，那询问这差别到底在哪里就没有任何意义，因为这问题只是要求把人人都确实理解但又并不清晰明白的差别还原为清晰的概念定义。（我在《伦理学的两个基本问题》第33页以下和在《论充足理由律的四重根》第46页给出了这个概念的定义。）

展现了生存意欲的不同的动物形体，彼此之间就像是同样的思想用不同的语言和根据不同语言的精神而说出来的；同一属（Genus）的不同种（Species）可被视为在同一主旋律下的一些变奏。但仔细考察一下，那些动物形体的差别却可以从每一种动物不同的生活方式及由此而来的不同目标而推论出来。我在《论自然界的意欲》中"解剖上的比较"一章中就专门分析过这一点。但在植物形态上的差别，我们却一点都无法具体、个别地给出明确的原因。在多大程度上我们可以大概做到这一点，我在我的主要著作（第1卷，第28节，第177、178页）大致上表明了。还有，我们可以在目的论上对植物做出某些解释，例如，那倒挂金钟属的花朵向着下面，原因就是它们的雌蕊比雄蕊要长很多；所以，这样的位置会有助于花粉的落下和接住，等等。但总体而言，我们可以说在客体世界，亦即在直观的表象里，如果在自在之物的本质里，亦即在构成了现象的基础的意欲里并没有某一精确对应的争取和追求，那就根本不会有相应的什么表现出来。这是因为表象的世界无法全靠自己而给出任何东西，也正因为这样，表象的世界不会奉上虚空的、闲着无聊而编出来的童话故事。植物及其花卉那无穷无尽的多样形式和色彩，无论在哪里都必然是那主体本质同样变换着的表达，也就是说，那在表象世界中展现出来的、作为自在之物的意欲，必然是透过表象世界而反映出来的。

出于同样的形而上的理由，也因为个人的身体只是他那可视的个体意欲，亦即那个体意欲在客观上的展现，而就算是他的智力或者脑髓，作为他的意愿认知活动的现象，也是属于那同一个体意欲的，所以，不仅他的智力特性可以从他的脑髓和那刺激着脑髓的血液循环中了解和推论出来，而且他的全部道德性格及其所有特征和素质也必然可以从他其余的整个组合的更详细的特性，亦即通过他的心、肝、肺、脾和肾等的构造、体积、质量和相互之间的关系而了解和推论出来——虽然这永远不能真的做到。但在客观上，这样做的可能性必然是存在的。下面的观察可以有助我们过渡到这一观点。激情不仅仅作用于身体的不同部分（参见《作为表象和意欲的世界》，第 3 版，第 2 卷，第 297 页），而且也是反过来的：个别器官的个体状态会刺激起激情，甚至刺激起与这些激情相关的头脑表象。在蓄精囊周期性地满溢时，色情和淫秽的思想念头就会无时无刻地、在没有特别的原因和机会的情况下出现。我们可能会想这其中的原因纯粹是心理上的，是我们思想方向乖张而已。不过，其实这纯粹是身体上的原因，一旦那蓄精囊满溢的情况过去了，精子吸收进血液里，上述情况就会停止。有时候我们想要不满、争吵和发怒，认真地去寻找这方面的机会。实在无法找到外在的机会，那我们就会在思想里唤起已经忘记很久的不满和愤懑，以便就此发作和咆哮。这种状态很有可能是胆汁盈余的结果。有时候我们会在没有什么原因的情况下内心感到紧张和慌乱，我们在思想里寻找引起担心的东西，并轻易就自以为找到那原因。这就是英语所说的染上了忧郁（to catch blue devils）。这可能源自肠子等问题。

论科学的原理

从之前的章节所给出的有关我们智力的不同功能的分析，可以看出要符合规则地运用智力，不管是做理论上的探讨，还是为了实际的目的，都需要做到下面这些：（1）对所要思考的现实事物及其一切关键的特质和关系，亦即对所有的事实，有一准确的直观把握；（2）透过这些事实形成准确的概念，具体地说，就是以准确的抽象，从那些特质总结出概念，而这些概念现在就成了后续思维活动的材料；（3）这些概念部分一方面与直观所见做比较，另一方面则与这些概念相互间做比较，再就是与我们的其他概念做比较，以致由此产生出准确的、与事情相吻合的、充分包含和穷尽了这事情的判断，亦即对事情做出准确的评估和论断；（4）把这些判断组织起来或者组合起来，成为推论的前提：这些前提会根据所选择和安排的判断而相应地很不一样，但整个运作的真正结果却首要取决于这些前提。在这过程中，关键就在于自由的思考能够从那些各种不一的、与事情判断相吻合的判断当中，从其许许多多可能的组合里面，恰恰选中那合乎目的的和决定性的组合。但如果在第一个功能中，亦即在对事物及其关系的直观把握当中疏漏了某一关键之处，那接下来的思想运作就算全都正确，也无法避免得出错误的结果，因为那些都是事实，是那整个探究的素材。假如无法确保这些连在一起的是正确的和完整的，那我们就要克制自己不要在重要的事情上做出最终的定论。

一个概念是正确的，一个判断是真确的，一个物体是真实的，一种关系是显然的。一个有着直接确切性的命题就是公理。只有逻辑原则，从直观中先验获得的数学原则，还有因果法则，才有直接的确切性。一个具有间接确切性的命题也就是一个定理，而奠定此定理的就是证明和证据。要把直接的确切性给予一个并没有直接确切性的命题，那就是"请求根据"。一个直接建基于经验直观的命题，就是一个断言：以经验直观与这断言对质和比较，需要的是判断力。经验直观奠定的只能是单个的真理，而不是普遍的真理，虽然这些单个的真理通过多方的重复和证实也获得了普遍性，但那却只是某种相对的和不确定的普遍性，因为这确定性始终是有争议的。但如果某一命题有着绝对的普遍有效性，那其所依靠的直观就不是经验的，而是先验的。据此，那完全可靠的科学就只有逻辑学和数学：但这些科学教导我们的也确实就只是我们预先已经知道的东西。这是因为它们就只是解释清楚我们先验意识到了的东西，亦即我们的认知形式，其中之一是关于思维的科学，之二则是关于直观的科学。因此，我们完全是从我们自身得出了这些科学，所有其他的知识都是源自实践经验的。

一个证明（或证据）如果扩展至一些事物和情形，而那所要证明的东西明显并不适用于这些事物和情形，那这证明（或说证据）就证明了太多的东西，因此由于这些间接证明而遭驳斥。归谬法其实就是我们把所提出的错误声称作为大前提，然后补充一个正确的小前提，得出了一个与经验事实或者毫无疑问的真理互相矛盾的结论。但运用一个迂回的方法，每一个错误的学说都必然有可能得出这样一个与真理相矛盾的结论——只要这错误学说的辩护者肯定认识和承认点点的真理，因为那样的话，由这些真理和由那错误的声称所各自得出的推论必然就会推进至产生出两个直接互相矛盾的命题。在柏拉图的著作中，我们可发现真正辩论法的这些美妙技巧的许多例子。

一个正确的假设不过就是对我们眼前的事实的真实和完整的表达，其提出者直观地把握了这事实的真正本质和内在的关联。这是因为这假设只是向我们说出了在此所真正发生的事情。

分析方法与综合方法的相反对立，我们在亚里士多德的著作中发现已经有所提及，但或许只是在普罗克鲁斯的著作中首次描述清楚，因为普罗克鲁斯完全正确地说过：

在那些传统的方法中，最好的方法就是以分析的方法把所要证明的事情引到某一已知的定理。人们说这一方法是柏拉图传给拉俄达玛斯的。

——《普罗克鲁斯对欧几里得（原本）第 1 编的评述》，L.3

当然，分析的方法就在于把既有的东西还原为某一已获承认的定理；而综合的方法则在于从这样的定理做推论。所以，这两种方法就相似于在第9章中所讨论的"归纳"和"演绎"，只不过"演绎"的目的并非要奠定命题，而是要推翻命题。分析的方法是从事实，从独特的个别情形出发而达到定理，达到普遍性的东西，或说从结果出发而达到原因；综合的方法则相反。因此，描述其为归纳和演绎的方法将会更加的准确，因为传统的名称并不贴切，其表达是糟糕的。

假如一个哲学家想要一开始就想好他在哲学论辩时所要遵循的方法，那就像一个诗人先要写下一套美学，然后就据此而写作诗歌。这两者都像一个先唱完一首曲子，然后据此而跳舞的人。思想者必须凭着自己的原初的本能而找到自己的路子，规则和运用、方法和成效必须不可分离地出现，就像物质和形式那样。但在达到目标以后，我们可以考察所走过的路。就其本质而言，美学和方法学是比诗歌和哲学要年轻的，就正如语法学比语言年轻、通奏低音比乐曲年轻、逻辑学比思维年轻一样。

但在此适宜顺便说上几句，我希望以此制止一桩蔓延开来的坏事——假如还来得及的话。拉丁语已经不再是一切学科探究的语言，所带来的坏处就是整个欧洲不会再有直接的共同学科文献了，而只有各自国家的文献。这样，每一个学者就首先局限于一个小得多的、并且囿于国家的偏见和定见的公众群。并且他现在就得学会两种古老语言以外的四种欧洲主要语言。假如那各种学科的术语（矿物学的除外），作为我们的先行者留下的遗产，就是拉丁语或者希腊语，那减轻了学者们多大的负担。因此，所有的国家都慎重地保留着这些东西。只有德国人才会有那不幸的想法，想要把各种学科的术语翻译成德语。这样做有两个坏处。首先，外国的甚至德国的学者就被迫要学两遍他那学科的所有术语。如果这些术语众多的话，例如，像解剖学那样，那就会特别的费劲和繁琐。假如其他国家不是在这问题上更加的聪明，那每一个术语我们都得学习五遍。如果德国人继续这样做，那外国的学者就不会阅读他们的那些大都写得太过冗长、文体马虎拙劣，很多时候甚至是造作和毫无趣味的、常常罔顾读者需要的书籍。其次，把术语翻译成德语字词，就几乎都是长长的、胡乱挑选和拼凑起来的、拖拉缓慢、发音沉闷，与这语言的其他字词并不能清楚地分开。所以，这些德语术语很难在记忆中留下印象，而由学科的古老和难忘的创造者所选用的希腊和拉丁语字词，却有着所有的相反的优良特质，通过其响亮的音声而轻易造成印象。例如，不说“Azot”，而说“Stickstoff”（“氮”），那不是一个丑陋、声音刺耳的词吗！“Verbum，Substantiv，Adjektiv”（“动词、名词和形容词”），比起相对应的德语词“Zeitwort，Nennwort，Beiwort”更让人记得住，也更容易分清差别；或者以“Umstandswort”（“副词”）代替“Adverbium”也是一样的情况。在解剖学中，那完全让人难以忍受，并且还是粗俗和就像理发所的学徒一般。“Pulsader und Blutader”（“动脉和静脉”）就已经比“Arterie und Vene”更容易让人混淆，但诸如“Fruchthälter，Fruchtgang，Fruchtleiter"（"子宫、女性阴道、输卵管"）并不是每一个医生都必须认识的，并且在所有的欧洲语言都行得通的"uterus，vagina，tuba Faloppii"，那就完全是让人迷惘的。类似的还有"Speiche"和"Ellenbogenröhre"（"桡骨"和"尺骨"），而不是全欧洲自多个世纪以来都明白的"radius"和"ulna"。也就是说，为什么要用那些笨拙的、混乱的、拖拉的、并的确是乏味的德语译词呢？逻辑学里面的术语翻译同样让人恶心。我们的那些天才哲学教授就是新的术语的创造者，几乎每一个人都有他自己的术语。例如，在 G. E. 舒尔策那里，"主语"称为"基本概念"，"谓语"则是"附加概念"；还有那"附加推导、假定推导、对立推导"，判断则有"Größe，Beschaflfenheit，Verhältniß und Zuverlässigkeit"，亦即"Quantität，Qualität，Relation und Modalität"（"数量、质量、关系和模式"）。那种德意志狂热所造成的同样令人反感的结果，人们在各个学科中都可发现。拉丁语和希腊语的字词还有这样的优势：给科学的概念打上这样的印记，把这些概念从日常交往的词语和从与这些词语密切相关的联想中分离出来。例如，说"Speisebrei"（"食糜"）而不是说"Chymus"，似乎就是在说小孩的食品；"Lungensack"（"胸膜"）而不是"pleura"，连带那"Herzbeutel"（"心包"），而不是"peri-cardium"，就好像是出自屠夫之口多于出自解剖学。最后，与运用古老术语相关的是学习古老语言的最直接的必要性，而由于人们运用当今的语言在学术探究方面，古老语言的学习越来越有了被取消的危险。真到了这地步的话，那与语言相连的古人的精神就从学术的课程中消失了；然后，粗野、肤浅和庸俗就会占据整个文献世界。这是因为古人的著作是指引每一艺术或者文学追求的北极星：这北极星下沉了的话，你们也就完了。从大多数的写作者那可怜和幼稚的文体，人们已经可以看出他们是从来不曾写过拉丁文的。[1]人们把研究古代作家称为人文学习或研究是相当适宜的，因为通过这样的学习和研究，人们才首先再度成为了人，因为人们所进入的那个世界，还没有中世纪和浪漫主义时期的鬼脸——这些东西在那以后如此深刻地影响了欧洲人，甚至时至今日，每个人仍然带着这些东西来到这世上，而先要摆脱了它们，才可以实现再度成为一个人。你们可不要以为你们的现代智慧就可以取代那成为人的圣洁仪式：你们并不像希腊人和罗马人那样是生而自由、不带偏见的自然之子。你们首先是野蛮的中世纪及其胡扯，是那可耻的教士欺诈和半残忍半爱慕虚荣的骑士气质的儿子和继承人。这两者现在逐渐终结了，但你们却因为那样的缘故而仍无法自己独立地站起来。缺少了古人的熏陶，你们的文学就会退化为庸常的空话和枯燥无味的俗气东西。根据所有的这些理由，我给出这发自好意的建议：马上结束上面所批评的德意志愚蠢狂热。我

---

[1] 学习古老著作的一大用处就是避免写得冗长、啰嗦，因为古人始终致力于写得简洁、言简意赅，而现代人几乎人人都有的毛病就是冗长、不着边际，而试图弥补这一点的最新手法就是去掉字词中的音节和字母。所以，我们应该一辈子都要坚持学习古老的著作，尽管这免不了要为此耗费时间。古人们知道不应该像说话那样写作，但现代人呢，竟然毫无羞耻地把他们的口头讲座印刷出来。

还想更进一步，利用这次机会指责一番多年来在德语正确写法方面所发生的一些闻所未闻的恶劣情况。那各种为生计而写作的人都听说过表达简练，但却不知道要做到这一点，就在于小心去掉一切多余的东西，而他们长篇累赘的瞎写当然就正属于多余的东西。他们误以为要简洁的话，就是剪除字词的部分，就像骗子修剪硬币一样，以及毫不犹豫地省去每一个在他们看来多余的音节，因为他们感觉不到其价值。例如，我们的先辈得体地说"Beweis"（"证据"）、"Verweis"（"责备"）和相比之下的"Nachweisung"（"证明的行动"）：这里面的细腻差别就类似于"Versuch"（"试验"）和"Versuchung"（"引诱"、"诱惑"）、"Betracht"（"方面"）和"Betrachtung"（"考察"）之间的差别，是那些厚耳朵和厚投顾所感觉不到的。所以，他们就发明了"Nachweis"一词，这词也就马上被广泛应用了，因为这只需要那想法确实够笨，那错误确实够明显。因此，无数的字词已经遭受了同样的肢解，例如，人们不再写"Untersuchung"而是写"Untersuch"了；"allmälig"被"mälig"、"beinahe"被"nahe"取而代之了；不再是"beständig"而是"ständig"了。假如一个法国人竟敢写"près"而不是"presque"，一个英国人写"most"而不是"almost"，那他就会被一致认为是傻子而受到嘲笑。但在德国，一个人做出类似的事情则会被视为有原创的头脑。化学家已经写"löslich und unlöslich"而不是"unauflöslich"（"不可溶解的"）了，假如语法学家不敲他们的手指，德语就会被偷走一个很有价值的字词："可解开的"、"分开的"（"löslich"）是结子、鞋带，还有那粘结物变软以后的砾岩及所有类似的东西；而"aufröslich"（"可溶解的"）则属于完全消失、变为液体的东西，就像在水中的盐。"aufröslich"是一个表达特定意思的专门术语，是清楚界定出来的一个确切概念。但这些，我们的精明的语言改造者却想要铸成"Lösen"这样一个洗涤盆子。为了连贯一致，他们之后就一律以"lösen"取代"ablösen（von Wachen）"（"换岗"），"auslösen"（"松开"），"einlösen"（"赎回"），等等。用上这词以后，就像之前的那种情形，语言就被夺去了字词的确切性。但让语言少了一个字词，就等于让民族的思维少了一个概念。但这就是自从这十几二十年来，几乎我们所有的书籍写作者联合一致努力的方向，因为我在此通过一个例子所展示的，会得到一百个其他例子的证明。那种最卑鄙的吝啬音节就像瘟疫般地蔓延开来。那些可怜的人真的在那数着字母，只要能赚上两个字母，他们就会毫不犹豫地致残一个字词或者用上一个意思错误的字词。无法有新的思想的人，就想着至少带来新的字词。每一个摇笔杆子的人都视改良语言为己任。报纸的写手在这方面则至为无耻。他们的报纸由于内容都是陈词滥调和琐碎的事情而拥有最大量的读者，这些读者绝大部分甚至不会阅读报纸以外的其他东西，所以，他们透过这些报纸对德语构成了巨大的威胁。因此，我严肃地建议对这些报纸实行正字检查，或者对这些报纸离奇地使用或者肢解了的每一个字词，都要交出一笔罚金，因为还有什么比语言的变动是出自文学中最低级的分支更加不光彩的？语言，尤其是相对原初的、像德语那样的语言，是一个民族最昂贵的遗产，是一件极其复杂、轻易就会毁坏并再也无法复原的艺术品，所以，"不要碰我"。其他的民族感觉到了这一点，对其语言表现出了巨大的虔诚，虽然他们的语言远没有德语那样完美。所以，但丁和彼德拉克的语言与今天的相比，只是在小地方有所差别；蒙田的著作仍然让人读得明白，莎士比亚的那些最老的版本也是如此。对德国人来说，嘴里有那些长的单词甚至是好事，因为他们思想缓慢，那些单词给了他们时间去意识和琢磨。但那种传播开来的省略语言仍显现在多个典型情形中：例如，他们违反所有的逻辑和语法，以未完成时取代完成时和过去完成时；他们常常把助动词收起不用；他们运用离格而不是第二格；他们为了省掉个把的逻辑分词，就造出如此交织在一起的复合句，以致人们得读上四遍才可以看出到底是什么意思，因为他们想要节省的只是纸张，而不是读者的时间。在处理专有名词时，他们完全就像霍屯督人一样，既不用词形变化也不通过冠词来标示那专有名词的格，就由读者自行去猜吧。他们尤其喜欢模糊带过双重元音字母和延长了音调的 h，而这些字母本来就是为韵律而设置的。这种做法恰恰就像人们想除掉希腊语中的"η"和"ω"，以"ε"和"o"取而代之。谁要是写出"Scham"、"Märchen"、"Maß"、"Spaß"，那他也应该写"Lon"、"Son"、"Stat"、"Sat"、"Jar"、"Al"才是[1]。因为文字就是说话的复制品，所以，后世的人就会

---

[1] 后者的正确写法是："Lohn"、"Sohn"、"Staat"、"Saat"、"Jahr"、"Aal"。——译者注

误以为人们应该如同他们所写的那样发音，那这样的话，德语留下来的就是一门剪头去尾、尖嘴发出呆滞辅音音声的语言，所有的韵律也将失去。为了省下一个字母，"Literatur"的写法也很受欢迎，而再不是正确的"Litteratur"。为了给这做法辩护，人们搬出了这词是源自动词"linere"的分词。但"linere"的意思是"涂抹"，因此对绝大多数的德国滥出书籍制造者而言，那受欢迎的写法可能的确是准确的，以致人们可以区分为数很少的文学（"Litteratur"）和非常泛滥的涂抹式文学（"Literatur"）。要写得简洁，人们就要精炼其文体，避免所有误用的饶舌废话，这样，就用不着因为宝贵的纸张而含混带过音节和字母。但写出那么多无用的书页、无用的书籍，然后就想以无辜的音节和字母来重新弥补挥霍掉的时间和纸张，这的的确确就是英国人说的"小事聪明大事糊涂"的极致。遗憾的是，并没有任何的学士院以庇护德语免遭文学上的"法国长裤革命党"的侵害，尤其是在这样一个就算对古老语言一无所知也敢从事报刊和出版业的时期。就时至今日人们对德语那些不可原谅的胡作非为，我在《附录和补遗》第 2 卷第 23 章更详细地谈论了。

我在《论充足根据律的四重根》第 51 节已经建议，在这第 1 卷第 7 节和第 15 节也再度提及了"科学的至高分类"，其根据就是在这科学中占主导地位的充足根据律的形态。我想把我的小小的试探性设想搁在这里，这设想毫无疑问还可以得到若干的完善。

一、 纯粹的先验科学

1. 关于存在的根据的学说
   a. 空间的：几何学
   b. 时间的：算术和代数
2. 关于认知的根据的学说：逻辑学

二、 经验的或说后验的科学

全都是根据演变的根据，亦即根据因果法则，确切地说，是根据因果法则的三种模式，即

1. 关于原因的学说
   a. 一般的：机械学、流体动力学、物理学、化学
   b. 特别的：天文学、矿物学、地质学、工艺学、药物学
2. 关于刺激的学说
   a. 一般的：植物和动物的生理学，及其附属科学的解剖学
   b. 特别的：植物学、动物学、动物解剖学、比较生理学、病理学、治疗学
3. 关于动机的学说
   a. 一般的：伦理学、心理学
   b. 特别的：法学、历史学

哲学或说形而上学，作为关于意识及其内容的学说，或说关于整体的经验的学说，并没有排列在上面，因为哲学并不会自动追随根据律所强求的考察方式，而是首先把这根据律本身作为考察的对象。哲学要被视为所有科学的基本低音，但哲学却具有比这些科学更高的特性，其与艺术有着几乎与科学同样密切的关联。正如在音乐中，每一乐段都必须吻合那基本低音所进展到的音调，同样，每一个作者都会依照其专业而带有其时代流行的哲学的印记。但除此之外，每一门科学都还有自己专门的哲学，因此人们会说植物学的哲学、动物学的哲学、历史哲学，等等。这里所说的哲学，从理性上看不过就是从最高的，亦即从最普遍的、在这一科学中所能有的角度对这门科学的主要成果本身加以审视，把它们联系起来。这些至为普遍的成果是与普遍的哲学紧密直接联系在一起的，因为这些成果给哲学提供了重要的事实资料，为其省去了劳作，不需在专门科学中那些还未经哲学处理的素材里寻找这些成果。这些专门的哲学因此是其专门的科学与真正的哲学之间的传达者。这是因为真正的哲学是要就整体的事物给出最普遍的解释和说明，所以，这些解释和说明也必然是可以往下应用于那整体中各种类的单一事物。与此同时，每一门科学的哲学的形成是独立于普遍哲学的，也就是说，是出自自己学科的事实资料本身，所以，它不需要等待普遍哲学终于得以发现，而是在这之前就已经准备好，并将无论如何都会与真正的普遍哲学相符合。而这真正的普遍哲学必须能够从单个科学的哲学中得到证实和阐释，因为普遍的真理必须能够透过特殊的、专门的真理而得到证明。歌德就达尔顿和潘德尔的啮齿目动物骨架（形态学册子，1824）的思考给出了动物哲学的一个漂亮例子。基尔迈尔、拉马克、若夫华·圣·伊莱尔和居维尔等人也为这动物科学做出了相似的功绩，因为他们都突现了动物形态那普遍的相似之处、内在的渊源、持久的类型和合乎规律的关联。那些纯粹就因其自身而被研究的、没有哲学倾向的经验科学，就酷似一张没有眼睛的脸。但这些经验科学却适合于有着不错潜力、但却欠缺最高的能力的人，而那些最高的能力对这样细致入微的探究反倒构成某种妨碍呢。这些人把自己的全副精力和全部所知集中在某个单一划定的领域，所以，在对所有其他都一无所知的条件下，能够对这领域达致接近完美的认识。相比之下，哲学家必须纵览所有的领域，并的确在某种程度上要对这些相当的熟悉。但那种只有透过细节才能达致的完美认识，则必然是不可能的。但在这方面，第一种人则可以比之于日内瓦的工匠，一个只做轮子，另一个则只做弹簧，第三个则只做链子；而哲学家则是钟表制造者：他从所有这些弄出个有运动、有意义的整体。我们也可以把第一种人比之于乐队中的乐器手：他们每一个人都是其乐器的大师，而哲学家则是乐队的指挥：他必须了解每一件乐器的特性和处理方法，但却不会很完美地演奏所有的乐器，甚至一件也不行。斯考特斯·艾利葛那把所有的科学都列在"Scientia"的名下，与哲学相对应，而哲学则被他名为

"Sapientia"（"智慧"）[1]。但古人如此经常地重复对这两种精神追求的关系下面这一个异常美妙和辛辣的比喻，我们已经不知道这比喻是谁提出来的。狄奥根尼·拉尔修认为是亚里斯提卜，斯托拜乌斯（《文选》，第4卷，110）则说是阿里斯顿，亚里士多德的注疏者（柏林版，第8页）则认为是亚里士多德，普卢塔克（《孩子的教育》，第10章）却把这归于彼翁：

> 彼翁说过，就像佩内洛普的那些追求者，因为无法得到她，所以就以她的女仆为乐，同样，那些无法在哲学上有所作为的，就把精力消耗在价值稍逊的其他知识领域。

在我们这个经验和历史具有压倒性的时期，回想起这句话是没有坏处的。

---

[1] 但毕达哥拉斯门徒早就做出了同样的划分，正如我们可在斯托拜乌斯的《文选》第2卷，第200页看出来。这种区分在那里是非常清楚和优雅的。

关于数学的方法学

欧几里得的证明方法从自己的子宫就生出了这样一个最让人印象深刻的讽刺，那就是有关平行线理论的著名激辩和人们每一年都重复试图去证明那第 11 条公理。也就是说，这公理表明，而且通过一条横切的第三条线的间接标记：两条彼此靠近的直线（这也就是"少于两个直角"的意思），如果足够的延长，就必然相交。这一真理据说是太过复杂了，以致无法不证自明，所以，它需要一个证明，但这证明却是拿不出来的，恰恰就是因为再没有比这更加直接的证明了。这种内心的踌躇让我想起了席勒的法律和权利问题：

多年来我把鼻子作嗅觉之用，但我真的对此有可证明、可查实的权利吗？

确实，在我看来，逻辑的方法经此方式最终成了愚蠢、无聊的事情。但也正好通过对这些问题的激辩，连带人们徒劳地试图把直接真确的东西表现为只是间接真确的东西，那直观的显而易见所特有的独立性、自主性和清晰性，就与逻辑证明的无用和困难形成了启发性，这并不亚于可笑的对照。也就是说，人们在此之所以并不承认那种直接的真确性，是因为这种真确性并不是逻辑的真确性，并不是从概念中得出的，因此并不是唯独建立在属性与主体的关系之上，依照的是矛盾律。但上述那条公理却是一个先验的综合性定理，而作为这样的综合性定理，是有其纯粹直观、而非经验直观的保证的；而纯粹直观是直接的和真确的，一如矛盾律本身，而所有的证明都先从这纯粹直观那里得到其真确性。从根本上说，这一点适用于每一个几何学定理，而要在哪里划上直接真确与先要得到证明之间的界线，则是人为任意的。我觉得奇怪，为何人们不对这第 8 条公理提出质疑："彼此能够重合的形体是相等的。"这是因为彼此重合要么只是语义重复，要么是某些完全来自经验的东西，而这就不属于纯粹直观，而只属于外在的感觉经验。也就是说，它假设了形体是会移动的前提。但只有物质才是在空间中移动的。所以，提及这彼此重合也就是为了进入物质的和经验的范围，而离开了纯粹的空间——这几何学的唯一元素。

在柏拉图的教室门楣上，据称有这样的题词："没学过几何的人不要进来。"这让数学家很为之骄傲，但之所以说出这句话，毫无疑问是因为柏拉图把几何形体视为永恒理念与个别事物之间中间的东西，就正如亚里士多德在《形而上学》中所经常提到的（尤其是在第 6 章，第 887、998 页和第827 页的注释；贝罗尔编辑）。此外，那些自为存在的、永恒的形式，或说理念，与转瞬即逝的个别事物的对照，在几何形体那里是最容易让人一目了然的，并因此奠定了理念学说的基础。而这就是柏拉图哲学的中心点，并的确是他的唯一认真和明确的理论性教义；所以，在陈述他的哲学的时候，柏拉图就先从几何学开始。在这同一意义上，人们告诉我们说：柏拉图把几何学视为一种预先的练习，好让在实际生活中只跟实体的东西打过交道的学生，透过这练习也习惯于处理非实体的东西（亚里士多德著作注释，第12页和第15页）。这就是柏拉图建议哲学家学习几何学的用意，我们因此就没有理由把几何学膨胀起来。我宁可建议大家阅读一篇讨论透彻、充满识见的文章：这篇文章探究了数学对我们的精神思想力的影响及对科学教育的用处。这本来是对威维尔的一本书的书评，登在1836年1月《爱丁堡评论》上。这篇文章的作者，W. 哈密尔顿，苏格兰的逻辑学和形而上学教授，稍后把这篇文章与一些其他文章一道在自己的名下出版了。这篇文章也由一个译者从英文翻译成了德文，以《论数学的价值和没有价值》的题目在1836年单独出版。这篇文章的结论就是数学的价值只是间接的，也就是只在于应用其达到唯有通过数学才可以达到的目标。但就其自身而言，数学不会让精神思想有任何的进步，一点都不会有助于对精神思想的一般性训练和发展，甚至反过来会有明确的妨碍作用。这一结论不仅透过对数学的思维活动所做的透彻的思维学方面的探究得到证明，而且还通过所累积的有学问的例子和权威，加强和巩固了这一结论。数学剩下的唯一直接的用处，就是数学可以让头脑飘忽不定的人习惯于固定其注意力。甚至那以数学家闻名的笛卡尔，也是这样评价数学的。在巴耶的《笛卡尔的一生》（1693）第 2 部第 6 章第 54 页是这样写的：

他的经验让他确信数学并没有多大的用处，尤其是如果人们就因为这数学的缘故而学习数学。在他看来，没有什么比沉浸在简单的数字和想象中的形态更欠缺踏实的了。

等等。

关于颜色理论

103

因为我的同时代人的漠然态度一点都没有动摇我对我的颜色理论的真理性和重要性的信念，所以，我就两次整理和出版了这部著作，1816年是德语版；1830年则是拉丁文版，登在尤斯图斯·拉迪乌斯的《眼科的较小篇幅文章集》第3版。因为人们对我的这一理论完全缺乏兴趣，不会给年事已高的我留有多少希望会活着看到这部著作的第二次出版，所以，我就把我对此题目还要说上的几句话搁在这里。

谁要是去找出某一特定作用效果的原因，如果他是深思的话，就会首先充分探究那作用效果本身，因为原因的事实和论据就只能出自作用效果——那唯一给出了找出原因的方向和指引。但那些在我之前提出了颜色理论的人，却没有任何人是这样做的。并不只是牛顿在还没有精确了解所要解释的作用效果的情况下就争论着要寻找原因，牛顿之前的先行者也是这样做的，甚至歌德，这个比其他人都确实要深入得多地探究和说明了作用效果、那特定的现象，亦即眼睛的感觉的人，也没有在我上述的方法和方向方面走得足够远。否则，歌德就肯定会发现我所发现的真理，而这真理是所有的颜色理论的根子，也包含了他的理论的根据理由。所以，我在说这话的时候，是无法把他排除在外的：在我之前的所有人，从古至今，都只是着眼于探索无论是在一个物体的表面，还是光线会遭遇什么样的变化——不管那变化是经分拆为成分所致，还是透过模糊混浊或者别的遮住光线而成——以显现出颜色，亦即在我们的眼睛那里刺激起那种完全是特有的和特殊的感觉，那种绝对无法言传而只能经由感觉而表明的东西。但正确和有条理的方法却不是这样的，而明显是要首先转向这种感觉，以查看是否可以透过其更详细的特性和此感觉现象的规律性，让我们弄清楚在这过程中在生理上发生了什么。这是因为第一，我们对那作用效果有着透彻的和精确的了解，而这特定和既定的东西不管怎么样，也必然提供给了我们事实和论据以探讨所要寻找的原因，亦即在此的外在刺激——就是这外在的刺激作用于我们的眼睛，造成了生理上所发生的事情。也就是说，相对于某一特定作用效果的每一可能的变化，必然可以证明有着与此变化相应的原因方面的变动；再者，如果在作用效果的多个变化当中，相互之间并没有显现出清晰的界线，那在原因方面也不宜划出诸如此类的界线，因为在此也必然发生了那同样的逐渐过渡的变化。最后，如果作用效果显现出了矛盾之处，亦即可能出现了其性质和方式的完全颠倒，那这事情发生的条件必然就在于所假设的原因的本质，等等。这些泛泛的原则是容易运用在颜色理论方面的。每一个了解实情的人都会马上看出：我的那只注视着颜色本身，亦即只注视着眼睛的既定的、特有的感觉理论，已经先验地给出了事实和论据，以判断牛顿和歌德就颜色的客体方面的理论，亦即判断有关在眼睛那里刺激起诸如此类的感觉的外在原因；经过更仔细的探究，他就会发现：从我的理论的角度审视，一切都为歌德的理论说话，一切都与牛顿的理论不合。

为了在此给知情者有关上述的一个证据，我想用寥寥数语说明：歌德给出的原初自然现象的正确性从我的生理学理论就已经可以先验地知道。如果颜色本身，亦即在眼睛那里，就是视网膜的神经活动的质的分半、因而就只是部分刺激起来的视网膜神经活动，那其外在的原因必然就是某一减少了的光线，但其减少的方式却相当的特别，其必然有的特性就是给予每一种颜色的光亮与其给予每一种颜色的反面和互补部分的昏暗恰好相等。但这事情只能通过一种稳妥的和满足了所有情形的方式才能发生，即在某一特定的颜色中的明亮原因，恰恰就是在这同一种颜色的互补部分的阴暗原因。在光亮和阴暗之间塞进了不透明的东西作分隔，就很好地满足了这一要求：在相反的光线下，就总是产生两种在生理上互补的颜色，根据这不透明物的厚度和密度而得出不同的结果，但合在一起，就始终成为白色，亦即互补而成视网膜的全活动。据此，这些颜色在不透明至为稀薄的时候，就成了黄色和紫色；随着不透明的密度的增加，这些颜色就变成了橙色和蓝色；最终，在密度还要更高时，就成了红色和绿色，但这最后者却肯定不可以以这种简单方式描述，虽然天空在太阳西沉时有时会有这方面太过微弱的表现。最后，如果这不透明是完美的，亦即浓缩至光亮无法通过，那照射在这上面的光亮就会显现为白色，在光亮照射其后面时就会是阴暗或者黑色。对这事情的考察方法的说明，人们可在我的颜色理论的拉丁文修订本（§11）中找到。

由此可见，假如歌德发现了我那基本的、涉及本质的生理方面的颜色理论，他就会在那里得到对他的自然的基本观点的强有力支持，并且就不会犯下谬误，不会绝对否认从多种颜色中产生出白色的可能性，而经验却证实了这样的可能性——虽然这始终只是在我的理论的意义上，而从来不是在牛顿理论的意义上。不过，虽然歌德至为齐备地收集了颜色的生理理论的材料，但他却始终没有成功发现那理论本身，而那理论作为根本的部分却是最主要的东西。但这却可以从歌德的精神思想的本质加以解释，也就是说，这方面歌德太过客观了。"每个人都有其优点所带来的缺陷"，据说乔治·桑女士在某个地方这样说过。正是他的精神思想那种让人惊讶的客观特性，给他的文学作品到处都打上了天才的印记；但在需要回到主体——在此，就是那视物的眼睛本身——以便在那里抓住整个颜色世界维系于此的最终线索时，他的客观性就给他构成了妨碍。而我则是出自康德的学派，早就准备好了满足这一要求。所以，在我摆脱了歌德的个人影响，过了一年以后，我就可以找到颜色真正的、根本的和无法推翻的理论。歌德的本能和兴趣就是纯粹客观地理解和再现一切。然后，完成了这些，他就意识到完成他的事情了，除此之外，他就根本无力看到其他东西。这就是为什么我们在他的《颜色学说》中，有时候我们在期待获得解释的地方，发现的就只是描述而已。这样，在他看来，他在此为那事情的客观过程给出的正确和完备的陈述就是最终所能做到的事情。据此，他的整个颜色学说中最普遍和最高的真理，就是所给出的特别客观的事实情形，他本人也完全正确地称为原初现象。这样，他也就一切都完事了：一句准确的"事情就是这样了"对他来说始终就是最终目标；他并不会追求"事情必然就是这样"。他甚至还可以嘲笑说：

> 哲学家进来了，
> 他会向你们证实，事情必然就是这个样子。

> ——《浮士德》，1，1928 行

当然了，歌德只是一个诗人，不是哲学家，亦即他并没有受到某种鼓舞，或者并不是身不由己地要全力去寻究事物那最终的根据和最内在的联系，就像我们想要的那样。也正因为这样，他就只能把最佳的收成留给我，因为就颜色的本质的最重要的说明、最终的满足和解读歌德所教导的一切的钥匙，唯独只在我的著作中才能找到。据此，在我从我的理论推导出他的原初现象以后，就像我在上文简短说过的，他的原初现象就不再配用这名字了。这是因为这并不是像歌德所以为的某种绝对现存、既有的东西，某种永远不再允许解释的东西，而只是原因；根据我的理论，只是要造成作用效果，亦即把神经活动分半的话所需要的东西。真正的原初现象唯独是视网膜的机体能力——这让其神经活动分为两个在性质上相反的、有时对等有时又不对等的部分，并相继显现出来。在此我们当然也就得止步了，因为从这里察看，也顶多只是让我们看到终极原因，就正如我们在生理学中通常所遭遇的情形。因此，我们通过颜色又多了一种手段以分清和认识事物。

此外，我的颜色理论比所有其他颜色理论都有这样的巨大优势：我的理论就每一种颜色的印象特性给出了说明和解释，因为这理论教导以视网膜全活动的某一明确的数值分数来认识这印象特性，然后那就是要么属于＋的一边，要么属于－的一边；这样，我们就学会明白每一种颜色特有的差别和独有的本质；相比之下，牛顿的理论则完全没有解释上述那特有的差别和独有的作用效果，因为牛顿的理论说颜色就只是那7种同类的光亮中某一"隐藏（刺激起颜色）的特质"，据此，牛顿的理论给予这7种颜色中的每一种一个名字，然后就完事了。而歌德则满足于把颜色分为暖的和冷的，其余的就听凭他自己的审美考察了。所以，也只有在我这里，人们才获得了至今为止始终不见踪影的每一种颜色的本质之间的关联。

104

生理学方面的颜色感觉现象，是我的整个理论的基础。

在布封发现了这感觉现象以后，舍费尔神父在《论颜色》（维也纳，1765）中，根据牛顿的理论对此加以解释。因为人们在许多书里，甚至在居维尔的《比较解剖学讲义》（第12课，第1条）都可看到重复出现这种对事实的解释，我就想在此明确地否定它，并要让其出洋相。舍费尔神父的解释说：眼睛由于长时间观看颜色而疲劳，眼睛就失去了对这种同类光线的敏感性，所以，眼睛在马上接下来收到所观看的白色时，只能把上述的同类色光都排斥掉；这就是为什么眼睛就不再是看到白色，而是收看到其余6种同类光线（这些其余光线与那第一种颜色就共同构成了白色）的产物：这产物现在据说就是作为生理光谱而显现的颜色。但对事情的这种解释让人看出"从假设出发"是荒谬的。这是因为在观看紫色以后，眼睛在白色（灰色就更好）的平面上就会看到某种黄色。那这种黄色就必然是在剔除了紫色以后其余6种同类光亮的产物，亦即由红、橙、黄、绿、蓝和靛蓝组合而成——这可是要获得黄色的美妙混合啊！这些混合将会给出街上的垃圾一般的颜色，而不会是别的。

此外，还有不少事实是与舍费尔的解释相矛盾的。例如，这一点从一开始就不是真的，即眼睛在大概持续地观看第一种颜色以后，就变得不再收看到这一颜色，甚至到了这样的程度：在白色那里也不再能够一同收看到这第一种颜色，因为眼睛完全清晰地看着这第一种颜色，直至眼睛从这颜色转向白色为止。但最后，还有这困扰人的情形，即我们要看生理上的颜色的话，一点都不需要看着一个白色的平面，每一个没有颜色的平面就可以达到目的，而一个灰色的平面则是最好的，就算是一个黑色的平面也可以，甚至闭上眼睛也的确可以看到生理上的颜色！

105

只有通过我的理论，颜色的关键主体性本质才得到了应有的理由和认可，虽然对这感觉早由古老的谚语表达出来了，"口味和颜色是无法争论的"。同时，康德就美感和趣味判断所说的也适用于颜色，即虽然美感和趣味判断是主体（主观）性的，但就像一种客体的东西那样，也要求得到所有正常构造的人的同意和赞成。

106

我在我的理论中已阐明：就算是从颜色中产生出白色，也是唯一建立在生理方面的基础上，因为白色只能由此产生：一对颜色，亦即两种互补色，亦即视网膜的活动在其中分开一半、又再度合在一块的两种颜色，又再度合在了一起。但这也只有在这样的情况下才可以发生：即两个在眼睛中刺激起这其中一种颜色的外在原因，同时作用于视网膜的同一个位置。我说过多种可以造成这种情形的方法，最容易和最简单的就是当我们让棱镜光谱中的紫色落在黄色的纸上。但假若我们并不想只满足于棱镜的颜色，那采用把一种透明颜色与一种反射出去的颜色联合起来的办法就最能取得成功，例如，让光线穿过一块红黄色的玻璃，落在一面蓝色玻璃的镜了上。"互补色"这个用语只有在生理的意义上理解才具有真理和意义；除此之外，是一点意义都没有的。

歌德没有道理地否认了从颜色中产生出白色的可能性，但这可是因牛顿曾经从某一错误的根据得出和以一种错误的意义提出的论断所致。

至于德国人，他们对歌德的颜色理论的判断是与我们对这样的国家只能抱有的期待相吻合的：他们可以在长达30年里把像黑格尔这样一个没有思想、没有任何成就、瞎写些胡说八道的东西、完全就是个空壳的假冒哲学家宣布为最伟大的哲学家和智者。德国人发出的合唱，甚至在整个欧洲回响。我知道得很清楚："愚蠢是人的权利"，亦即每一个人都有权利根据自己所理解和所喜欢的去判断，但为此，他就得承受后代人、并在此之前承受其邻国人根据其判断而做出的评判。这是因为在此也还是有报应的。

107

歌德有着对事情本质的真实、忘我的客观看法；牛顿就只是一个数学家而已，始终是急匆匆地忙着测量和计算，目的就是为了给那从所掌握的表皮现象拼凑起来的理论奠定基础。这就是真相，你们就尽管做出鬼脸吧！

在此，还可以告诉更多的读者公众一篇我的短文。这满满的两页纸的短文是在 1849 年歌德诞辰一百周年时，我写在了由法兰克福市出版、并放在了市图书馆的纪念簿里。这文章的开头指的是在那城市的那一天，那至为壮观、隆重的庆祝活动。

写在法兰克福歌德纪念簿里的文字：

不管是用花冠装饰的纪念碑，还是礼炮齐射和钟声鸣响，而宴会及其致辞就更别提了，都不足以弥补歌德在其颜色理论方面所受到的巨大和可耻的不公。这是因为歌德极为杰出的、有着完美真实性的颜色理论并不曾得到合理的承认，而仍被普遍认为是失败了的努力，业内人士对此只是发笑而已，就正如最近一家期刊所说的。人们甚至把那当作是一个伟人的缺陷，需要带着宽容和忘记遮盖起来。这一史无前例的不公对待，这一闻所未闻的颠倒真相只有在这样的情况下才是可能的：即公众是麻木的、迟钝的、无所谓的、没有判断力的，所以，他们轻易就会受骗；在这事情上面他们放弃自己的调查和检验——哪怕这些相当的容易，也不需要预先有一定的知识——就只想让这些事情听任"业内人士"决定，亦即任由那些并不是为了学问本身，而是为了工资而做学问的人做决定，听任那些人摆出样子、做一言九鼎状以博取人们的敬佩。假如这公众真愿意不是独力做出判断，而是就像未成年人一样地由权威引领，那这个与康德一道就是德国所能有的最伟大的人，其权威和分量的确就应是更胜过那许多千万个职业人加在一起——并且要知道，这颜色理论是歌德在整个一生中都作为头等大事加以研究的。至于这些业内人士所做出的裁决，那赤裸裸的真相就是：他们可是惭愧得要死，因为随着真相暴露出来，即他们不仅让自己受到那明显错误的东西的诓骗，而且在长达百多年里，自己不曾做过任何的调查和检验，就怀着盲目的信仰和虔诚的赞赏、崇敬、教授和传播这些东西，直至最终一个老诗人到来教给他们更好的东西。经过这一次难以承受的羞辱以后，他们就像罪人往往做的那样，顽固不化，执拗地否定后续的教导；并且在执意坚持了至今已是40年一个被发现和证明是明显错误的，甚至荒谬的东西以后，虽然挣得了宽限期，但他们的罪疚却百倍地增加了。李维已经说过："真理受到压迫是太过常有的事情，但真理是永远不会被消灭的。"幻灭的一天必将到来，然后会怎么样？那就是："我们就尽我们所能的作态吧。"（歌德，《艾格蒙特》，3，2）

在那些有着科学院的城市，掌管这些学士院的公共教育的部长可以以下面的方式表现出他们对歌德毫无疑问会有的敬意。再没有比这更高贵和更真诚的方式了。那就是把任务交给那些科学院，让其在设定的时间内对歌德的《颜色理论》提供一份彻底、透彻的探究和批评，以及就其与牛顿的颜色理论的冲突之处给出裁决。那些身在高位的先生们可能会听到我的声音，但既然这是为我们的伟大逝者呼唤公道，那就顺应这声音吧；而不要事先去征求那些由于不负责任的沉默而本身就是共犯者。这是最确切的方法，以消除歌德不该承受的耻辱。然后，那就将不再是以绝对命令和做鬼脸打发了的事情，也再不可以允许听到那套厚颜无耻的借口，即这里涉及的不是判断力的问题，而是计算的问题。相反，那些行会会长就会面临这样的选择：要么说出实话，要么就是极其严重的名声扫地。因此，在这样的严刑逼供之下，我们希望他们就给出些说法吧；但与此同时，我们却没有任何可担心的。这是因为在认真和诚实检验之下，那明显并不存在的牛顿的嫁接杂种，那只是为了音阶而找出来的 7 种棱镜的颜色，那并不是红色，那至为清晰地、完全朴实和不带偏见地在我们眼前显现为由蓝色和黄色组合而成的简单的原初绿色，尤其是存在和隐藏在纯净、清晰的太阳光线之下的阴暗和靛蓝同类光亮这一怪胎说法，还有随便一对消色差的观剧镜都会表明就是谎言的它们那不同的可折射性——这样的童话，在面对歌德的清晰和简单真理，在面对歌德把所有的物理颜色的解释和还原为一条伟大的自然规律时，又如何能够保持正确？而对这一条自然规律，大自然无论在哪里和无论在何种情况下，都给予了未受贿赂的证词。我们倒不如担心看到 1×1 会被推翻好了。

　　谁要是不自由地承认真理，就是真理的背叛者。

论建筑美学

在第 1 卷［1］的文本中，我从意欲或说大自然的最低级的客体化推导出了建筑艺术的纯粹美学；建筑美学就是要把这客体化的理念清晰、生动地直观展现出来。根据这一推论，建筑美学唯一和不变的主题就是支撑和重量，其根本法则就是不能只有重量而没有足够的支撑，也不能只有支撑而没有相应的重量，因此，这两者的关系是恰好相称的。最纯粹地完成这一主题的就是圆柱和屋梁架构，所以，那井然有序的圆柱子就好比是整个建筑造型的基本低音。也就是说，支撑和重量在柱子和屋梁架构那里是完全分开的，两者之间的相互作用和关系也就因此是显而易见的。当然，就算是一堵简陋的墙也已经包括了支撑和重量，只不过在此两者却还是混为一体的。在此，一切都是支撑，一切也都是重量，所以，并不会有美学的效果。也只有在分开以后，美学效果才会出现，并随着分开的程度而相应不同。这是因为在圆柱子排列与简陋的墙之间，有许多的中间阶段。在一间房屋的墙

［1］ 即《作为意欲和表象的世界》。——译者注

上开洞做窗和门，人们就已经至少是透过插入房檐里的平坦、突出、有其柱顶的壁柱暗示这种分开；确实，在万不得已的情况下，就只用绘画表现出来，以便用某种方式标示出屋梁和系列圆柱。真实的墙墩和柱子，以及好几种墙上的托架和支撑，就更是实现了建筑艺术所普遍追求的支撑与重量的纯粹分离。在这方面，与圆柱支撑屋梁框架最接近的，但却是独特的、并非模仿性的建筑物，就是带有墩子的拱顶物。这拱顶建筑物所达到的美学效果当然大为逊色于圆柱支撑屋梁框架，因为在拱顶建筑物那里，支撑与重量还不曾完全分开，而是相互交融为一体。在拱顶建筑物本身，每一块石头都同时是重量和支撑，甚至那些墩子，尤其是在交叉拱顶那里，也受到对面弧顶的压力而维持其位置，起码看上去如此；还有就是正因为这弧形压力的缘故，不仅那拱顶，就算那弧顶本身，也不应该坐落在圆柱的上面，而是需要体积更大的四角墩子。只有在圆柱子排列那里，那种分开才是完全的，因为在此，屋梁框架就是纯粹的重量，圆柱子就是纯粹的支撑。据此，柱廊屋顶与简陋墙壁的关系，就如同一个沿着逐级有规则音程的升高的音阶，与一个出自同一个低沉度直至同一个高度、逐渐地和没有层次地上升的音声的关系，后者发出的只是嚎叫而已。这是因为这两者的素材都是一样的，也只有经过完全的分开，才会形成很大的差别。

如果承载重量的支撑只是刚刚好而已，那这支撑就不是与重量相称的，而只有可以足够有余地承载，以致第一眼看去我们就已经完全安心的才是相称的。但这足够有余的支撑却不能超出某种程度，因为否则的话，我们就只看到支撑而看不到重量了。而这是有违美学目的的。为了确定那具体的程度，古人想出了一条起调节和规范作用的平衡线，办法就是让圆柱子从底部向上持续变细，直至最后变成一个尖角；这样，那圆柱子就变成圆锥体了。现在，圆柱子的每一个随意的横折面都可以让底部足够强力地承载切断的上部。但一般来说，建筑物都是以二十倍的坚固度建起来的，亦即人们在每一支撑物那里只放置其最大承载量的二十分之一的重量。关于重量却又没有支撑的一个很清楚的例子，就是在许多屋子转角处映入眼帘的伸出去的挑楼。这些屋子就是以"当代今天"那缺乏趣味的风格建起来的。人们看不到是什么承载着这些挑楼，看上去它们就像是悬浮在那里，让行人心绪不安。

在意大利，就算是最简单的和最缺乏趣味的建筑物也会产生美感，但在德国却不是这样——这主要是因为在意大利，屋顶是很平的。也就是说，高高的屋顶既不是重量也不是支撑，因为屋顶的两半部分互相撑托，但那整个屋顶却没有与其扩张相称的体重。所以，那展现给眼睛的是扩展开来的一大块，而这之于美学的目的是格格不入的，就只是为了实用而已，因此妨碍了美学的目的，而建筑美学的主题始终是支撑和重量。

圆柱子形状的唯一理由就是圆柱子提供了最简单的和最合适的支撑。卷绕形的圆柱子就像是故意地和因此放肆地表现出那种违背目的性，也正因此，一看这些东西具有良好的趣味的人就已大加挞伐。四角形的墩柱，因为那对角线超过了侧边，所以就有了不一样的厚实范围，而这不是为了任何某一目的，而是因其简易的可行性所致。也正因为这样，在取悦我们方面，四角墩柱大为逊色于圆柱子。那七到八个角的墩柱比四角墩柱更能取悦于我们，因为这样的墩柱更接近于圆柱子，而圆柱子的形状是其目的所确定的。其他的所有比例也是如此。首先，在那三列圆柱的差别所允许的限度之内，圆柱的厚实与圆柱的高度的比例。然后，圆柱从其高度的首三分之一开始往上变细，以及就在这地方的轻微鼓起，是基于在那里的重压是最强的。在此之前，人们还以为这样的鼓起就只是为爱奥尼亚和科林斯的圆柱所独有。不过，新的丈量也证实了多利安，甚至帕埃斯图姆的圆柱也是如此。也就是说，圆柱子的一切，其无一例外被确定了的形式，其高度与厚度的比例，这两者与柱子之间间隙的比例，整排柱子与屋梁框架及在这框架之上的重量的比例，都是根据特定的重量与所需的支撑之间的比例而精确计算出来的结果。因为这重量是均匀分布的，所以，支撑就必须也是这样；正因此，成群的圆柱子是缺乏审美趣味的。相比之下，那最精美的多利安庙宇，其角落柱子与最旁边的柱子靠得更近，因为那屋梁框架的交会在角落处增加了重量，但此处方式，建筑学的原则就清楚地表达了出来：结构性的比例，亦即支撑与重量的比例是根本性的东西；对称性的比例则是次要的，必须随时为前者让路。根据整个重物的重量，人们可以选择多利安式的或者两排简易一点的圆柱，因为多利安式的圆柱排列不仅通过那更增加了的厚实度，而且也通过其主要特性，即柱子的更紧密排列，以承载更大的重量；其几近粗糙的简易柱顶也是与同样的目的相符合的。柱顶的目的就是要让人看见圆柱承载着屋梁，而不是像木栓那样插进去。与此同时，这些柱顶透过其顶板加大了承载的平面。那么，既然从这人们都明白和坚持实施的概念，即充足、相称的支撑以承载重量，人们推论出有关圆柱子排列以及圆柱子的形状和比例的所有法则，包括圆柱子所有的部分和尺寸，直至个别的细节；也就是说，只要这些是先验确定了的，那人们就可清楚地看到，那个常常被人重复的想法，即树干或者甚至（遗憾的是，连维特鲁威也这样说，第 4 卷，1）人的形体当初就是圆柱子的样板，就是错误、荒谬的。那样的话，建筑学的那些柱子的形状就是完全偶然的，是取自外在的了。但如果真的是这样，那这样的一种形状，在我们一旦瞥见那恰如其分的匀称、协调的形状时，就不会如此和谐地让我们喜欢和满足，在另一方面，甚至些微的不合比例也就不会马上让细腻和训练有素的感觉感受到不快和反感，就像听到音乐中的某一不和谐音那样。这种情形其实只有在这样的情况下才有可能：根据那既定的目标和手段，所有其余的从根本上就是先验确定了的，正如在音乐里面，根据那既定的旋律和基本低音，从根本上就确定了整部的和声。并且就像音乐那样，建筑也不是模仿性的艺术，虽然音乐和建筑都常常被错误地当作是这样。

正如我在本书第 1 卷里详细阐明的，美学的快感都是以所把握的某一（柏拉图式的）理念为基础的。对建筑来说，仅作为优美艺术考察，在最低自然等级的理念上，因此也就是重力、刚性、内聚力，本来就是其主题，而和谐匀称的形状、比例和对称却不是，就像人们至今所以为的那样，因为这些是纯粹几何学的东西，是空间的特性，而不是理念，因此不会是某一种优美艺术的主题。所以，甚至在建筑中，这些也只是次要的来源，有的是一种次级的意义。这一点是我马上就要强调的。假如展示这些真的就是建筑作为优美艺术所要做的事情，那原型就必然会产生与完成了的作品相似的效果。但实际上完全不是这样的情形。相反，要造成美的效果，建筑作品就一定要有相当可观、巨大的分量；的确，这样的建筑物永远不会太大，但却很容易太小。"其他条件不变的情况下"，美学的效果甚至与建筑物的大小直接成比例的，因为只有巨大的体积才会明显产生出巨大重力的震撼效果。这再度证实了我的看法，即大自然那些基本的力的争、斗构成了建筑艺术的美学素材，而这些素材，其本质就是要求巨大的体积和分量，以便眼见得到，而且还感觉得到。建筑的形状，正如上面透过圆柱子所说明的，首要是由其每一个部分直接的、结构上的目的而确定。那么，只要这里面的某些地方是不确定的，那最完美的直观性的规律、因此也就是易于理解性的规律就会出场，因为建筑物首要存在于我们对空间的直观中，据此诉诸我们对空间直观的先验能力。但这最完美的可直观性却始终出自最匀称、和谐的形状及其理性比例。据此，优美的建筑选择由笔直的线条或者合乎规则的曲线而成的十分匀称的外形，还有就是出自这样的线条的立方体、平行六面体、圆柱体、球体、角锥体和圆锥体；作为出口的则有时选取圆圈或者椭圆，但一般都选用正方形和更常见的长方形，后者绝对是理性的，并具有相当容易把握的边长比例（并非大概6∶7，而是例如1∶2、2∶3那种），最后就是具有匀称和易把握比例的假窗和壁龛。出于同样的理由，优美的建筑喜欢给予建筑物本身及其分隔部分某种在高度与宽度方面理性的和易于把握的比例，例如，高度就是宽度的一半，而圆柱子的摆放则是每三到四个圆柱子连带其间隙空间，其测量出来的距离就与那高度等同，那也就是造出了一个四角形。这直观性和易于理解性的同一原则也要求容易一目尽收眼底：这就带来了对称性，而要把建筑作品划定为一个整体，把其根本的界线与意外的部分区别开来是尤其必要的，正如人们有时候，例如，只是凭着对称性的要点就认出眼前所见的到底是三个互相靠着的建筑物，抑或就只是一个建筑物而已。所以，建筑作品只有透过对称性才可以马上表明这就是单独的完整体，形成于一个主要的想法。

那么，虽然正如在上面所随便指出的，建筑艺术一点都不是要去模仿大自然的样子、形状，诸如树干或者人形，但建筑艺术却应该秉承大自然的精神，特别是要把这一法则，"大自然不做徒劳无功的和多余的事情，其所做的一切都采用了最简易的方式"，也当作是建筑艺术自己的法则；据此，一切没有目的的、哪怕只是看上去没有目的的东西都要避免，每一个意图不管那是出于纯粹的建筑上，亦即架构上的考虑，还是涉及实用方面的目的，都始终以最简捷和最自然的方式来达到，并透过那建筑作品而清楚地展示出来。这建筑作品以此方式所达致的某种优雅，就类似于鲜活的生物那种轻便和符合目的性的运动与姿势所构成的优雅。与此相应，在那些优秀的古老建筑风格里，我们看见每一个部分，不管是墩子、圆柱、拱形、屋顶，还是大门、窗户、阶梯、阳台，其达成目的都是以最直接和最简单的方式，并且毫无掩饰和直白地表现出这一点，就正如有机大自然对其作品的处理。相比之下，缺乏趣味的建筑风格则总是寻求无用的迂回方式，以随心所欲的处理手法为乐，并因此用上了毫无目的断开了的、挪出又挪入的屋梁架构，还有那排在一块的圆柱子、拱门和三角楣饰上分割的飞檐、毫无意义的螺旋饰、旋涡饰，等等。这些风格肆意玩弄艺术的手段而又不理解这些手段的目的，就像小孩子玩弄大人的工具，而这就是上面所给出的粗工和滥竽充数的特征。每一条直线的折断、每一条曲线的弧形变动而又没有显而易见的理由，已属于这一类情形。而上面那种在表现和达到目的时的直白简单，与大自然创造和塑造时秉持的精神是相吻合的，也恰恰就是古老的陶器形状如此美丽和雅致的原因，对此我们经常重又感到诧异不已，因为在我们的现代器具的衬托下，这些古老东西及其原创性是如此的高贵，因为现代器具带着庸俗的印记，无论这些是瓷器制品还是由粗糙陶土制成的器具。看着古人的那些器皿和用具，我们感觉到假如大自然要做出这些东西的话，它们就会被做成这个样子。既然我们看到建筑艺术的美主要就在于毫无掩饰地表现出目的和以最短的与最自然的途径达到这一目的，那在此，我的理论就与康德的理论直接相矛盾了，因为康德认为一切美的本质就是在没有日的的情况下，似乎有着某种符合目的性。

在此阐述的建筑的唯一主题，重量与支撑是如此的简单，也正因此，这一艺术只要是优美艺术（如果为实用服务的就不是），那早在最好的希腊时期就已经基本上达致完美了，起码不会还有重大的丰富和充实。相比之下，现代建筑师也无法在明显偏离古人的规则和样板时不会踏上劣质化的路途。所以，现代建筑师就只能套用古人流传下来的艺术，在需求、气候、年代、其国家等不可避免地加在现代建筑身上的种种局限之下，尽可能地实施古人的建筑艺术规则。这是因为对于这一艺术和雕塑艺术，追求完美就等同于模仿古人。

我几乎用不着提醒大家：我在对建筑艺术的所有这些考察里，眼里唯独只有古老的建筑风格，而没有那所谓的哥特式建筑，即起源于萨拉森人、由西班牙的哥特人引进到欧洲其他地区的建筑风格。或许并不可以完全否认这种建筑风格有着某种程度的美，但如果企图把这种建筑风格与古老的建筑风格相提并论，那这就是野蛮未开化的大胆妄为，是我们绝对不会同意的。在看过哥特式的种种华丽以后，看到一处符合规则的、以古典风格建起的建筑物，我们感到精神多么的愉快！我们马上就感觉到这才是唯一合理的和真实的。假如我们把一位希腊人引到最著名的哥特式建筑前，他将会对此说些什么呢？野蛮！未开化！我们对哥特式建筑的喜欢，完全可以肯定大都是基于联想和历史的记忆，亦即基于某种与艺术无关的感觉。我所说过的所有关于真正的美学目的，关于建筑艺术的意义和主题，在这些作品里都会失去效力。这是因为那开阔的屋梁构架消失了，连带消失的是圆柱子：支撑与重物，排列好和分配好以便鲜明地展现出刚性与重力的斗争，就不再是这些建筑物的主题了。还有普遍、纯粹的理性，那让一切都有了严密的说明和解释，甚至自动把这些说明和解释呈现给有思想的观赏者、属于古老建筑风格特征的理性，在此也没有了踪影。我们很快就意识到：在这些哥特式建筑里，某种受奇特的概念所指引的任性在随意操纵着这一切；因此，许多东西对于我们是无法解释的。这是因为只有古老的建筑风格才是在纯粹客观的意义上构思起来的，哥特式建筑的构思则更多的是在主观的意义上。但正如我们认识到那刚性与重力斗争的展现就是古老建筑艺术真正的、美学的根本思想，如果我们也想在哥特式建筑里发现某一类似的根本思想，那必然就是这一点：在此要表现出来的是透过刚性而完全压倒和战胜重力。这是因为与此相应的是，在此那重物的水平线几乎完全消失了，重力的作用就只是间接地显现，也就是伪装为拱形和穹隆，而支撑的垂直线唯独占据着上风，那些异常高耸的扶壁、尖塔、塔楼和无数的尖顶，不曾承载重物地往高处走，让人感知着那刚性的胜利效果。在古老建筑艺术里，从上往下的争取和挤压，与从下往上的争取和挤压一道，都同样得到了代表和展现；在哥特式建筑里，从下往上的争取和挤压明确地占据着上风，由此就有了那时常说过的与水晶的相似之处，因为水晶的形成就同样伴随着压倒了重力。假如我们把这意义和根本思想赋予哥特式建筑，并因此要把这根本思想作为古老建筑的、有着同样理由的对立面，那可要记住：古老建筑如此公开和坦白地表现出来的刚性与重力的斗争，是真实存在的斗争，是有大自然的基础的，相比之下，透过刚性完全制服了重力则只是表面的现象，一个因错觉而造成的假象。人们认为哥特式建筑所具有的神秘的和超自然的特征，是如何出自这所指出的基本思想和上面所提出的哥特式建筑艺术的特性，是每一个人都可以容易明白的。正如已经说过的，这些特征的产生，主要是因为在此任性随意取代了纯粹理性，即任性随意取代了手段与目的相吻合的做法。那许多其实并没有目的、但却是精心做出来的东西刺激人们设想这些东西有着不为人知的、玄妙莫测的、秘密的目的，造成了一种神秘的样子。相比之下，哥特式教堂的内部却是辉煌的一面：因为在此，那由细长的、结晶式耸立的圆柱子承载起来、高高举起的交叉拱顶，在重物消失了的情况下许诺着永远的安全，给心灵造成震撼的效果，而大多数提到过的缺陷却是在教堂的外面。在古老建筑那里，外面是更加出色的，因为人们更能对其重力与支撑一目了然，但在内部，那平坦的天花始终有着某种压抑的和缺乏诗意的东西。大多数的古老庙宇，虽然有着许多和宏大的外部制作，但内部却是较小的。经由圆顶建筑的球形穹顶，就像先贤祠那种，可以获得一种庄严、崇高的样子，因此，意大利人在以这种风格建筑时，至为广泛地利用了这一点。与此相吻合，古人是南方人，比偏爱哥特式建筑的北方国家的人更多地生活在室外。但谁要想绝对地承认哥特式建筑艺术就是一种基本的和合理的建筑艺术，那他可以——如果他同时也喜欢类比的话——把这种建筑艺术名为建筑学的负极，或说建筑学的小调。为了良好趣味的利益，我的愿望是大量的金钱手段投在客观的，亦即真正是好的和对的、本身就是美好的东西方面，而不是花在其价值只是建基于头脑联想的东西。当我看到这个无信仰的时代是如何孜孜不倦地要完善有信仰的中世纪所留下来的、未完成的哥特式教堂，我就觉得人们好像是想要为那逝去了的基督教涂抹油膏。

论精神失常

精神的真正健康在于完美的回忆。当然，这并不就是说我们的记忆能够保存所有的事情。这是因为我们走过的人生之路在时间中缩小了，正如一个旅人回望走过的一段路也在空间中缩小了：有时候，我们很难区分其中个别的年份；而具体的日子则通常都记不清楚了。但真正说来，只有那些完全相似的、经过无数次重复的事情，其图像就好比互相重叠，也才据说是在记忆中混合在了一起，以致其中的个别东西再也无法认得出来。相比之下，每一在某些方面特别的或者意味深长的事情，都必然可以重现在记忆里——假如那智力是正常、有力和相当健康的话。我在本书第1卷里形容精神失常为记忆中的连贯线索扯断了——尽管那在丰富性和清晰性方面持续递减的这一记忆仍在均匀地延续着。下面的考察可以证明我这里所说的。

一个健康的人的记忆力可以就自己亲历的一件事情提供一种明确性和可靠性，其扎实和确切一如此人此刻在目睹一桩事情的发生。所以，这记忆中的事情，经他在法庭面前宣誓确认以后就会被确定下来。相比之下，仅仅只是怀疑一个证人精神失常，就会马上削弱其证词的效力。确切地说，分辨精神思想健康和精神失常的标准就在这里。一旦我怀疑我记得的某一事件是否真的发生过，我就会让人怀疑我是否精神有问题了——除非我自己并不确定那事件是否就只是梦中所见而已。如果有人怀疑我所描述的亲眼目睹的一件事情是否真实，而又并没有猜疑我的诚实，那他就是把我视为精神失常了。谁要是喋喋不休地重复叙说当初由他杜撰出来的事情，并最终连他自己也相信了这事情，那到了这一步，这人实际上已是精神失常了。人们会相信一个精神失常的人有其新奇的念头、零星聪明的想法，甚至准确的判断，但人们却不会真的相信他就过去发生的事情的证词。在《方广大庄严经》中，即众所周知记载释迦牟尼佛以往诸世的历史，是这样说的：在佛陀诞生的那一刻，世上所有的病者都痊愈，所有的瞎子都能看见，所有的聋人都可听到，所有的疯子都"重新恢复了记忆"。有两处地方提到了最后一点（《释迦牟尼佛的故事》，由福科译自藏文，1848，第91和99页）。

我自己多年的经验使我怀疑精神失常和错乱在比例上最常在演员那里出现。这些人是如此过度地使用其记忆力。他们每天都要学会一个新的角色或者重温某一旧的角色：但这些角色全都是没有相互关联的，甚至互相抵触和差别明显的。每到傍晚，演员就得尽力完全忘掉自己，以便成为完全另外一个人。诸如此类的这些简直就是为变得精神错乱铺平了道路。

本书第1卷中对精神错乱产生的描述将是容易把握的，

假如我们回想起：我们是多么的不愿意想起那些严重伤害到我们的利益、我们的自傲或者我们的愿望的事情，就正如我们是多么难下决心把这些事情摆在那里，让我们的智力去细致和认真地检查；相比之下，我们又是多么容易就会无意识地再度放弃检查这些事情，或者偷偷地开小差；而那些令人惬意愉快的事情却是完全自动地进入我们的感觉，就算是赶走了它们，也始终会偷偷摸摸再度回来，让我们数小时之久地沉湎于这些东西。在意欲抵抗着不让其厌恶的事情得到智力的照耀和说明的过程中，到了某一个点和程度，精神就会突然失常。也就是说，每一个新的变故都必须由智力吸收，亦即在我们的那个与我们的意欲及其利益密切相连的真理体系中得到一个位置，不管这不得不排斥掉的是哪些更让人高兴的东西。一旦这变故被智力吸收了，那苦痛就会少了许多。但这过程本身常常是相当痛苦的，也大都只是缓慢地和伴随着抵触而进行。与此同时，只有当这过程每次都得以适当完成，精神健康才可以维持。而如果在某一个别的情形里，意欲对接纳某一认知的反对和抵抗到了上述的过程无法干净利索地进行；某些事情或者情形就会向智力完全隐瞒了，因为意欲无法容忍看到这些东西；然后，由于必要的连贯性所需，就随意地填塞那所产生的缺口和空白——那这就是精神失常了。这是因为智力放弃了自己的本性以取悦于意欲：这人现在就虚构出些其实没有的东西。但由此形成的精神失常现在就成了对付不可忍受的苦痛的遗忘水，这对于那害怕、不安的人，亦即意欲是最后的救助手段。

在此顺便一提证明我的观点的一个值得留意的证据。卡洛·戈齐在《蓝色怪物》第1幕第2景中为我们表现了这样一个角色，他喝了导致遗忘的魔水以后所表现出来的样子，就如同一个精神失常的人。

根据上面的描述，我们也就可以认为：精神失常的形成是因为要强力把某样事情"从感觉中赶走"，但这只有通过把某样其他东西"放进头脑中"才有可能。更加罕见的是与此相反的程序，即首先是"放进头脑中"，其次是"从感觉中赶走"。但这却是在下面这些情形里发生的事情：一个人对让其疯了的事情念念不忘，始终无法忘掉。例如，在许多因爱情而致的疯痴、因性癖而致的病态失常，那人就持续地沉湎于当初的起因；还有就是受到某一突然发生的恐怖事情的惊吓而致的精神失常。这些病人痉挛似的紧抓住那些念头不放，以致无法接纳其他的、至少与那些念头相抗衡的想法。但在这两种情形里，精神失常的本质却都是同样的，亦即不可能有某一一致的、彼此关联的回忆，而这却是我们健康、理性地反省思考的基础。在此所描述的精神失常的两种完全相反的产生方式，如果加以准确的判断，或许就可以为那妄想、臆想提供清晰和深刻的划分根据。

但我只是考察了精神失常的精神上的原因，亦即由外在的、客观的机会所引发的精神失常。而精神失常更多的却是由于身体上的原因，是由于脑髓或者脑膜的畸形或者部分紊乱所致，也是身体其他得病的部位对脑髓产生的影响所致。特别是在第二类精神失常里，还会出现感官直观错觉、幻觉。但精神失常的两种原因通常都互相掺在了一起，尤其是精神心理的原因都会掺有生理的原因。自杀也一样。自杀极少只是外在原因所致，而是都有着某种身体不舒服的基础，并且这身体不舒服的程度决定了所需的外在原因或机会的大小。只有在身体不舒服达到了最高程度才完全不需外在的原因。所以，并没有哪种巨大的不幸可以推动每个人都去自杀，也没有哪种不幸是如此的微不足道以致不会让人自杀。我已表述了心理原因形成的精神失常，是如何在健康者——起码从外表上看是这样——那里经由某一巨大的不幸所引起。对于那些由于身体上的原因已经有着强烈精神失常倾向的人，一件很小的憎恶事情就足够了，例如，我记得在一家精神病院里一个曾经是士兵的病人。他精神失常就是因为他的长官对他使用了"Er"（"你"，对下属的称呼）的称呼。对于那些有着明确身体状况和倾向的人，只要其状况和倾向成熟了，那就根本不需要机会。只是出于心理原因的精神失常，或许可以透过那造成了精神失常的强行颠倒思路，也导致了脑髓某部分的某种瘫痪或者坏死。如果这情况不是很快得到改善，就会以后都保持这个样子。所以，精神失常只有在开始的时候才能治愈，但经过长时间以后就无法治疗了。

皮内尔教导说有一种躁狂是没有精神失常的，埃斯基罗尔对此说却有异议。自那以后，就支持和反对此说都有许多说法。这问题只以经验依据就可解决。如果真有这样的情形，那可以以此做解释：在此，意欲间歇性地完全摆脱了智力，也因此就是摆脱了动因的控制和指引，这样，意欲就表现为盲目的、激烈的、破坏性的自然力，并因此显现为狂躁症，任何挡住其前路的东西都会被其毁灭。如此解除束缚的意欲就像是决堤的激流、摔掉了骑手的烈马、被拿掉了制动螺丝的钟表。但受到影响的只是理性，亦即反省认知，而不是直观，因为否则的话，意欲就失去了一切指引，那人就会无法活动了。相反，那暴怒者看到和感知到客体对象，因为他就在它们那里爆发；他对此刻的所作所为也有意识，在这之后对这些也有记忆。但他缺少的是一切的反省思维，亦即缺少了理性的指引，结果就是完全没有能力考虑和顾及不在眼前的、过去了的和将来的事情。在爆发过去了、理性重又取得了控制以后，理性的功能又正常了，因为理性自身的运转和工作并没有失常和损坏，而只是意欲找到了办法暂时完全摆脱了理性的控制而已。

论自杀

157

就我至今所看到的，只有一神教（亦即犹太教）的信众把自杀视为犯罪。这相当引人注目，因为无论是在《旧约》还是《新约》，都找不到任何某些禁止自杀或者某些只是明确指责自杀的地方。因此，宗教老师们就不得不为唾弃自杀而给出自己的哲学根据，但这些哲学根据却是如此的糟糕，以致他们为了弥补力度不足的根据，就以强力的措辞，亦即以谩骂来表示他们的厌恶。这样，我们就得听到自杀是最大的懦弱、这种行为只有在疯癫的时候才是可能的以及其他无聊的话，或者自杀是"错误"的一类完全没有意义的说法。但很明显，人在这世上自有对自身的权利，它无可争议甚于任何其他（参见第 121 节）。正如我所说的，自杀甚至被视为犯罪和与此相关的，尤其是在粗俗迷信的英格兰，就是那羞辱性的葬礼和没收自杀者的遗产。所以，陪审团几乎无一例外地认定这自杀是疯癫所致。在此，我们先让道德感觉来作决定，比较一下我们听到某个熟人犯罪的消息，例如犯下了谋杀、残忍行为、诈骗、偷窃，与听到这熟人自杀的消息，这两者给我们产生的印象。前一个消息会引起我们强烈的愤慨，极度的厌恶，促使我们呼吁严惩或者报复；而后一个消息却让我们哀伤和同情，夹杂着的常常是在某种程度上赞叹这人的勇气，而不是针对恶劣行为的那种道德上的指责。谁又不曾有过自愿离开这一世界的相熟朋友、亲戚？难道每个人都要带着厌恶认定这些人就是罪犯吗？不！当然不！我倒是认为教士们需要接受质询：他们有什么权力在没能够指出来自《圣经》的权威说法，甚至也没有丁点站得住脚的哲学论据的情况下，从布道坛上和在文字里，把许多我们敬重和热爱的人所做出的行为打上犯罪的印记，拒绝让那些自愿离开这世界的人得到体面的葬礼。但有一点是要确定的：我们要求的是理据，而不是当作理据的空泛之谈或者骂人词语。[1]如果说刑法禁止自杀，那这可不是教会方面有效的理据，并且也绝对是可笑的，因为什么惩罚可以吓阻寻死的人？如果惩罚的是自杀的企图，那惩罚的只是那人的笨拙以致不能成事而已。

古人们也远不是以这种眼光看待自杀的事情。普林尼（《自然历史》，比朋蒂尼编，书册28，第1章，第4卷，第

---

[1] 另一个版本：我倒是认为教士们需要接受要求，给出理据，为何把我们的朋友和亲戚打上犯罪的印记，拒绝给他们以体面的葬礼。来自《圣经》的理据是没有的，哲学上的理据又站不住脚，也不获得教会的承认。理据呢？理据呢？理据呢？你们说啊！死亡是我们太过需要的最后一条退路，我们是不会听由教士只是用命令而夺走这一退路的。

351页）说：

我们的看法是：不要太过热爱生命，以致要用各种方式延长这生命。你要这样愿望的话，那无论你是谁，你也一样要死亡，不管你是过了善良的一生，抑或道德败坏的或者罪恶的一生。所以，每个人都需首要记住，因为这是他的灵魂的解救手段：大自然所给予人们的各种好处当中，最好的莫过于及时的死亡，而这是每个人为自己所能做得最好的事情。

普林尼还说（书册2，第7章，第1卷，第125页）：

甚至神祇也不是万能的，因为就算他愿意，他也无法决定自己的死亡，而死亡却是凡人在承受如此之多的生命苦痛中所能得到的最好礼物。

在马西利亚和凯奥斯岛，如果有人能够提出离开人世的充分、有力的理由，那高级官员甚至就公开给予他们毒人参属饮料（马克西穆斯，书册2，第6、7、8章）。[1]古时候有多少个英雄和智者不是自己结束自己生命的？虽然亚里士多德

---

[1] 在凯奥斯岛，老人自愿死亡是风俗。可参见马克西穆斯，书册2，第6章；赫拉克利德斯·彭提乌斯，《著作残篇》，4；埃利亚努斯，《杂闻轶事》，3，37；斯特拉波，书册，克雷莫编，10，第5章，§6。

（《尼各马克伦理学》，第5卷，15）说自杀对国家是不公正的行为——虽然对他自己本人并不是这样——但在描述逍遥派伦理学时，斯托拜乌斯（《文选》，2，第7章，第286页）引了这样一句话：

> 好人在太过不幸的时候必须放弃生命，但坏人则在极好运的时候也要放弃生命。

同样，在第312页：

> 所以，一个人必须结婚和生儿育女，为国家效力……要保存自己的生命以培养才能，但在需要的时候，又能够放弃自己的生命，等等。

我们发现自杀也甚至被斯多葛派颂扬为高贵和英勇的行为，百多处的段落可以证明，而里面最强有力的出自塞涅卡。再有就是印度人。众所周知，印度人的自杀经常是某种宗教行为，特别是寡妇自焚，还有投身在（印度教中的）世界主宰的神车的轮子下，作为祭品献身给恒河的鳄鱼或者神圣的庙池，等等。在舞台上——这可是人生的镜子——也是一样：我们看到，例如，在著名的中国戏剧《赵氏孤儿》（由圣朱力安在1834年翻译）中，几乎所有的高贵角色都是以自杀结局，但却不曾给出点点暗示说、观众也不会想到这些人是犯下了罪行。在我们自己的舞台上，根本上也没有什么两样。例如，在《穆罕默德》中的帕米拉，在《玛丽·斯图亚特》中的莫蒂默、奥赛罗、特茨基伯爵夫人。索福克勒斯说，如果是我自己愿意的话，那神祇会放开我的。哈姆雷特的独白就是在冥想着犯罪吗？他只是说，假如我们可以确定死亡就是绝对的消灭，那考虑到这世界的状况，他会无条件选择死亡。"但，唉，难题就在这里。"但一神教教士们和顺应他们的哲学家为反对自杀所提出的根据和理由，是些无力的、轻易就可驳倒的诡辩（参见我的论文《论道德的基础》，§5）。休谟在他那很值得一读的《论自杀》里面，对他们所提出的那些根据给予了最透彻的反驳。这篇文章直到休谟逝世以后才面世，并且马上在英国就受到可耻的迷信想法和卑鄙的教士专制的压制。所以，这篇文章也只是偷偷地、高价卖出了极少的几册。受惠于巴塞尔的再版，我们得以保存了这位伟大人物的这篇及另一篇论文：《论自杀和灵魂的不朽》，（已故）大卫·休谟著，巴塞尔，1799，由詹姆斯·德克尔出售，共124页。但一篇纯粹的哲学文章，以冷静理性批驳了反对自杀的流行理由，出自英国的一位一流思想家和作家之手，却不得不偷偷地走私通过，就像是在做一件无赖之事，直至其在外国得到保护为止——这样的事情对英国民族是极不光彩的。与此同时，这显示了教会在这一问题上是否问心无愧。反对自杀的唯一有力的道德理据，我在我的主要著作第1卷第69节已经说清了，那就是：自杀妨碍达到最高的道德目标，因为自杀只是以一个表面上的解救办法挤掉了从这苦难世界得到解脱的真正方法。但这犯错与基督教教士想要对其认定的犯罪，却有相当长的距离。

基督教的最内核是这样的真理：苦难（十字架）就是生活的真正目的，所以，基督教摒弃自杀，因为自杀与这一目的是相反、对立的，而古代人从某一相对较低的角度出发，是赞同甚至敬重自杀行为的。但基督教反对自杀的理据却是寡欲、苦行的理据，所以只有对某一比欧洲的道德哲学家所曾有过的伦理视角都要高得多的伦理视角才是行得通的。但如果我们从那相当高的视角走下来，就再没有谴责自杀的说得过去的道德理据。一神教教士对自杀异乎寻常的反对热情，既没有《圣经》的支持，也没有得到有力理据的支撑，因此看上去必然就是基于某一秘密的原因。这原因是否就是：自愿放弃生命，对于说出"神看着一切所造的都甚好"的人，实在是非常糟糕的恭维？所以，是这些宗教里面所必不可少的乐观主义在谴责自杀，目的就是避免受到自杀者的谴责。

158

总的来说，我们会发现：一旦一个人的生活恐惧更甚于死亡恐惧，那他就会结束自己的生命。但死亡恐惧所形成的抵抗却是甚有分量的，那仿佛就是守卫出口的卫兵。假设生命的结束是某种纯粹消极和否定的事情，是某种突然的停止存在，那或许人人早都会结束自己的生命。只不过这种结束却是某种积极和肯定的事情，是肉体的毁坏。这会把人吓倒，恰恰是因为肉体就是生存意欲的现象。

但与那些守卫出口的卫兵的搏斗，一般来说可不像远远看上去的那么艰难，确切地说，那是精神痛苦与身体痛苦相对抗所致。也就是说，如果身体上持续地感受着剧痛，那我们对所有其他的苦恼是无所谓的：身体康复是我们唯一上心的事情。同样，剧烈的精神痛苦会让我们感受不到身体的痛苦：我们蔑视这后者。甚至如果身体的痛苦占据了上风，那对我们不过就是某一有益的分散，是精神痛苦的某一暂停。这正是让自杀变得容易的地方，因为与自杀相伴的身体痛苦，在承受超巨大精神痛苦的人看来，一点都不重要。这尤其见之于那些受纯粹病态的、极度的忧郁情绪驱使而自杀的人。这些人根本不需要克服自己，一点都不需要为此作准备，而是只要那获指派看护他们的人给他们单独两分钟，他们就会迅速了结自己的生命。

159

如果在沉重的噩梦中，害怕和惊慌达到了最高级，那就会让我们从梦中醒来，这样，那晚间的所有怪物也就随之消失了。同样的事情也发生在生活之梦——假如那害怕和惊慌达到了最高级，迫使我们要与这世界决裂的话。

160

我们也可以把自杀视为某种试验，是人们对大自然提出问题，并强迫大自然给予回答。也就是说，死亡以后，人的存在和认知会经历什么样的改变。但这可是一个笨拙的试验，因为自杀取消了那能听到回答的意识身份。

对智力及其相关东西的思考

27

在哲学里，每一声称不带任何预先假设的方法都是大话、空谈，因为我们必须永远把某些东西视为既有的东西，以便从这既有之物出发。"给我一个支点，我就能支起这一地球"说的就是这一道理。这也是人们从事任何事情都不可避免的条件，就算是哲学探究也同样如此，因为我们的精神思想也一如肉体那样不可能自由漂浮在虚空、以太之中。但是，这样一个哲学探究的始发角度，一个暂时是既定的出发点，在以后却必须获得补偿和合理证实。也就是说，这一始发角度既可以是主体（主观）的，那也大概就是自我意识、头脑中的表象、意欲；也可以是客体（客观）的，那也就是反映在对别的其他事物的意识中的东西，那大概就是真实的世界、外在的事物、大自然、物质、原子，甚至是上帝或者纯粹只是任意想象、设计出来的概念，诸如实质、绝对或者种种其他。为了再度弥补采用此角度的任意性和矫正那预设，我们以后就必须变换角度和采用相反对立的角度，并从这一角度出发，在补充的哲学论辩中再度引申和推论出我们从一开始就视为既有的东西。这样，事物也就彼此阐明。

例如，我们从主体出发——就像贝克莱、洛克、康德所做的那样，而在康德那里，这一审视方法达到了顶峰——那这条途径尽管因为主体的真正直接性而具备了一大优势，但所获得的哲学却在某种程度上相当的片面，并且也不是完全得到证实的，除非我们采用这一方式把这一哲学补充完备：把从这一哲学推导出来的观点作为既有的东西再次变成审视的出发点，因而是从相反的观点出发，从客体推导出主体，就像在此之前我们从主体推导出客体一样。我认为我大致上为康德的哲学做出了这样一种补足——这见之于《作为意欲和表象的世界》第2卷第22章和《论大自然的意欲》中"植物的生理学"。在这些论述中，我从外在大自然出发推导出了智力。

但现在如果反过来是从客体出发，把周围众多的事物，诸如物质以及在物质上面显现的各种力作为既有之物，那我们很快就有了整个大自然，因为这样一种审视方法带来了纯粹的自然主义——我更精确地把这称为绝对的自然物理学（absolute Physik）。这是因为那既有之物，所以也就是绝对真实之物，就人们普遍的理解而言，即大自然的法则和大自然的力，包括这些自然力的载体，即物质；但特别考察一下，那不过就是无数恒星和围绕恒星运转的行星自由浮游在无限的空间。结果就是在空间中，不外乎就是要么发光，要么被照亮了的星球。在被照亮了的星球表面，由于腐败程序作用的缘故而产生了生命：这呈梯级差别的有机生物体以个体呈现，遵循着控制生命力的大自然规律，经由繁殖和死亡在时间上开始和结束；而这些规律如同其他所有规律和法则那样，构成了现有的、生生不息的秩序，既没有始点和尽头，也没有对此的解释理由。在这逐级向上的有机生物系列中，占据最高一级的是人类，其存在也同样有其开始，在其一生中，有许多和巨大的痛苦、少得可怜的欢乐；然后，就像所有其他人一样有其终结。在这之后，一切依旧，就好像这个人不曾存在过似的。那在此指导思考、扮演着哲学角色的我们的绝对的自然物理学，就向我们解释说：由于那些绝对存在和绝对有效的大自然法则的作用，一个现象总是产生或者取代另一个现象；在这过程中，所有的一切都是完全自然而然地发生，因此也就是完全清晰、可以理解的。这样，我们就可以套用费希特的口头禅在被如此解释的世界——费希特站在哲学教授的讲台上，向他的学生们一脸严肃、语带强调地发挥其戏剧表演才华："它是这样，就是因为它是这样；之所以是现在这样，就因为它是这样。"所以，在持这一审视角度的人看来，那些不满足于对这一世界如此再清楚不过的解释，并试图在全然是想象出来的形而上学中寻找其他解释的人，纯粹就是荒诞的念头作怪；这些人还想在这种形而上学的基础上重又建立起一套伦理道德学呢！而因为这套伦理道德学无法由物理学奠定起来，所以就从杜撰的形而上学那里取得其唯一的理据！物理学家们因此以明显鄙夷的神情看不起形而上学。但是，无论这种纯粹从客体出发的哲学论辩如何志得意满，其审视角度的片面性和变换这一角度的必要性或迟或早都会通过各种机会，以各种方式表现出来。也就是说，认识的主体及其认知官能迟早要成为被考察的对象，因为所有的那些天体世界首先只存在于那认知功能。例如，把人的智力称为自然之光的基督教神秘主义者，认为人的智力在求证更高一级的事情时，毕竟是力不胜任的——他们的看法的基础就是：人的所有这些知识，其有效性只是相对的和有条件的，而并非像我们当今那些理性主义者所认为的那样不带条件。也正因为理性主义者这样认为，所以，他们藐视基督教的深刻、神秘之谜，情形就跟物理学家藐视形而上学一样。例如，理性主义者认为原罪的教义只是一种迷信而已，因为他们那种伯拉纠式家庭"妇男"的智力、见识让他们高兴地发现：任何人都不需为他人早在六千年前所犯下的过失负责。这是因为理性主义者大胆放心地遵循自己的自然之光，并一本正经地误认为：在 40 或者 50 年前，在他们那戴着睡帽的爸爸成孕了自己、他们的妈妈把自己平安生下来之前，他们是纯粹和绝对的无；然后，从那一刻起，他们才是从无中生成。正因为这样，他们才可以不为任何事情负责。什么罪人、原罪的，十足的胡说八道！

这样，正如我已经说过的，循着客体（客观）知识而思辨的人或迟或早在各式不一的前路上，尤其是在无法避免的哲学探究的过程中，开始察觉到事有蹊跷。也就是说，人们就会发现：所有根据客体的一面所获得的智慧，都是以信赖人的智力为前提，但人的智力自有其形式、功能和呈现方式；所以，所有这些知识是完全以这智力为条件的。由此就有了变换审视角度、以主体方法取代客体方法的必要性。也就是说，在此以前，智力以十足的自信构筑了整套教条，放心大胆地对世界及其万物，以及所有这一切的可能性先验地做出了判决；但现在，这一智力本身却变成了我们要检查的对象，它的权威现在必须接受检验。这首先促成了洛克的哲学，然后是康德的《纯粹理性批判》；最后导致了这样的认识：自然之光只是投向外在；一旦需要把这种光折返、照明自己的内在时，它是无能为力的，亦即无法直接驱赶笼罩着内在的一片黑暗，而只能经由上述哲学家所采用的迂回、折射的手段，并且是克服了巨大的困难，我们才获得了有关智力独特的运作和独特的本质的间接资料。在这之后，智力才清楚地了解到：智力的原初任务只是把握关系——这对于为个体意欲服务已经足够了。所以，智力本质上就是投向外在的，并且在投向外在时，智力也只是作用在表面的力，就像电力一样，亦即只能把握事物的表面，而不能深入事物的内在。也正因为这样，智力无力完全和从根本上理解和看透所有那些在智力看来是客体（客观）上清楚和真实的东西——哪怕这其中最微不足道、最简单的一样东西。相反，不管是每样事物还是整体的事物，其根本的东西对智力而言仍然是一个不解之谜。但智力由此获得了更深一层的认识，也就是人们所说的观念主义或唯心主义，亦即智力及其运作所理解的客体（客观）世界及其秩序，并不是无条件的、自在的存在，而是经由脑髓的功能而形成，因此首先只存在于这头脑之中；所以，套着这样的形式，那就只是有条件的和相对的存在，也就只是现象、外表而已。在获得这一见解之前，人们在探求自己存在的根据时，预设了认知、思维和经验的法则就是纯粹客观的，是自在、自为和绝对的存在，也纯粹是因为这些，人自己以及一切其他事物才得以存在。但现在，人们认识到事实却恰恰相反，自己的智力和因此自己的存在，是所有那些法则、规律以及由此派生出来的东西的条件。然后人们也终于明白：时间、空间、因果律这些他们现在已经清楚的观念性东西，必须让位给另一种与大自然秩序完全不同的事物秩序，而大自然的秩序却被视为那另一种事物秩序的结果或者象形文字。

28

人的理解力一般来说都不适合作哲学思考，可以从很多事情看得出来，其中之一就是：甚至到了现在，尽管自笛卡尔以来就这话题已有了如此之多的论述，但实在论仍然永远是充满自信地反对观念论，幼稚地声称如此实体的存在，并不只是存在于我们的头脑臆想中，而是确实和真切地存在。但正是就这现实本身，就这存在的方式方法及其所包含的一切，我们断言其只存在于设想和看法之中，而不会在别的地方找到，因为这些只是对我们的头脑表象之间联系的某种必然的秩序。尽管有了之前的观念主义者（尤其是柏克莱）的所有教诲，但我们还是只有通过康德才真正、透彻地相信了观念论，因为康德并不是一下子就把这事情打发了事，而是深入个别的细节，把先验的东西分开，在任何情况下都考虑到实践经验的成分。谁要是明白了这世界的观念性，那种就算没有产生出表象，这 ·世界仍旧是存在的宣称，就会显得没有意义，因为这样的宣称说出了自相矛盾的东西：这世界的存在恰恰就意味着它已成了想法和表象。这世界的存在本身就在主体的设想里。这就是这句话，"那是物体（或客体，Objekt）"所表达的意思。[1]所以，那些高贵、古老和更优秀的宗教，亦即婆罗门教和佛教，其学说都完全以观念论为基础，因此甚至期待大众去接受这一点。但相比之下，犹太教却是真正浓缩了和加强了的实在论。

一个小骗术先是由费希特引入的，随后就获得认可进入了大学课堂。那就是自我（das Ich）的用词。也就是说，在此，通过名词词类和前置冠词，把本来的和绝对的主体词"我"（Ich）变成了宾语或客体词。这是因为在真实中，"我"标示的是主语（或主体词），因此是永远不可以变成宾语（或客体词）的，也就是说，那认识的主体是与一切被认识之物相对立的，前者是后者的条件。所有智慧的语言也表达了这一点，所用的办法就是不会把"自我"用作名词。所以，费希特不得不强行扭曲语言，以达到其目的。这同一个费希特玩弄的另一更大胆的骗术则是无耻滥用 *Setzen*（确定、

---

[1] 如果我观看某一对象，例如某一风景，并在想：在这一刻，我的头颅被砍掉了，我知道那对象将是原封不动地继续在那里——但这样归根到底就是说：我的头颅被砍掉了，但我这个人仍旧还在那里。明白这个道理的人不多，但这些话是写给那少数人的。

放置）一词，而他的作为非但没有被戳穿和受到责备，而且时至今天，所有追随他的榜样和权威的假冒哲学家仍然经常滥用这个词，以方便其诡辩和教授虚假的东西。*Setzen* 即拉丁语的ponere，并构成了 propositio（命题）一词，自古以来，都是纯粹的逻辑用语，表达的是：在某一辩论或者在通常探讨的逻辑关联中，我们暂时假设、假定、肯定了某些东西，因而暂时给这些东西以逻辑上的效力和形式上的真实性——但与此同时，这些东西的现实性、物质的真实性和真确性却是完全不曾触及的，是悬而未决的。但费希特却慢慢地为 Setzen 这个词骗得了一种真实的、但当然是模糊不清的含义，而笨蛋们就认可这一含义，诡辩者也持续地采用这一含义。也就是说，自从先是 das Ich（我或自我）、然后是 das Nicht Ich（非我）用上了以后，Setzen 一词就成了"创造"、"产生"的意思，一句话，就是把这些"确定、放置"到这世上——至于何以做到这一点，我们也不知道。而一切我们想要认定为存在、但却又没有根据，并且还硬要他人接受的东西，那就 setzen 这些东西，这样，这些东西就在那了，就完全的真实了。这就是所谓后康德哲学的仍然有效的方法。这就是费希特的杰作。

29

康德所发现的时间的观念性质，其实已经包含在属于机械学的惯性法则里。这是因为这个法则所表达的，从根本上就是纯粹的时间没有能力产生任何物质效果；因此，单是时间，就其自身而言，丝毫改变不了一个物体的静止或者运动状态。由此已经得出结论：时间并不是自然和物质上真实的东西，而是某种超验的观念性东西，亦即不是源自事物，而是源自认知着的主体。假如时间是事物本身所固有的，是其特质或者附属的东西，那时间的量，亦即或长或短的时间，就必然会在事物那里造成某些改变。但时间却完全无法做出这些改变，毋宁说时间是掠过事物而去，不曾留下点点的痕迹。这是因为在时间的流动中，只有原因才是起作用的，而不是时间的流动本身。所以，确实，如果一个物体摆脱了各种化学的影响，例如莱娜河冰块里面的猛犸象、琥珀中的苍蝇、完全干燥的空气中的高贵金属、干燥石墓中的埃及古物（甚至假发）——那数千年的时间也不会对这些造成改变。那在机械方面出现的惯性法则，正是时间绝对不起作用的同样特性。某一物体一旦得到了运动，那时间就无法剥夺或者无法只是阻挠其运动，这运动也就是绝对不会终止的了——除非自然、物质的原因对其发挥相反的作用。这恰如一个静止的物体会永远保持静止——除非某一自然的、物质的原因加入并导致其运动起来。所以，由此已经可以推论：时间是某样不会对物体有所触及的东西，这两者是不一样的性质和类别，因为属于物体的现实性，并不可以给予时间。据此，这时间就绝对是观念性的，亦即只属于头脑想法和表象及其装置，而物体则通过那多种多样的特性及其所发挥的作用，清楚地显示出这些物体并不只是观念性的，而是与此同时，在这些物体那里，也显现了某一客观现实之物，某一自在之物，尽管这自在之物与其现象是多么的不同。

运动，首先就只是运动学的事情，亦即其元素完全是唯一取自时间和空间。物质是可运动之物，那已是自在之物的客体化。物质对静止和运动是绝对漠不关心的，由于这一点，物质一旦取得了静止或者运动，就会始终保持那个样子，同样准备着永恒地飞行或者永恒地静止。物质的这一漠不关心，证明了空间和时间与纯粹出自这些的相对立的运动和静止，并非与这自在之物（这自在之物显现为物质、并给予物质所有的力）联系在一起，而对自在之物而言是全然陌生的东西；空间和时间因而并非发自造成现象者和进入现象当中，而是来自把握这一现象的智力，而空间和时间属于智力，是智力的形式。

顺便说一下，谁要想生动形象地直观这里所说的惯性法则，那就想象自己站在世界的边上，向着前面的虚空，用手枪射出一颗子弹。那手枪里的子弹就会朝着不变的方向永恒不息地飞行。数以万亿年的飞行不会让其疲倦，永远不会缺少空间让其飞得更远，时间也不会为此而耗尽。再者，我们是先验和正因此是完全确切地知道所有这些。我想，这整桩事情的超验观念性，亦即脑髓的幻觉效应，在此会尤其清楚地让我们感觉得到。

对空间的考察与这之前对时间的考察是相似和平行的，在考察空间时，或许可以联系到这一点：物质不会透过在空间中的延伸和分散或者透过空间中的再度紧压而增加或者减少；还有就是在绝对空间中，静止与直线运动在运动学上是重叠的，是同样的东西。

对康德关于时间的观念性学说的预觉，见之于古老哲学家说过的许多话语，我在其他地方已经提过必要的一些。斯宾诺莎直截了当地说过："时间并不是事物的某种限定，而只是一种思维方式而已。"（《形而上学思想》，c.4）真正说来，对时间的观念性的意识，甚至构成了以往就有的永恒的概念的基础。这里说的永恒，本质上也就是时间的反面，所以，那些稍有见解的人都一直是如此理解永恒这一概念，而之所以能够如此理解，只能是因为他们感觉到了时间只是在我们的智力里面，而并非存在于事物的本质。没有思想能力的人因为欠缺理解力，所以才把永恒的概念解释为没完没了的时间，而不会再作他想。正因为这样，学院派哲学家才被迫说出了这些直白的话，例如，"永恒并不是接二连三没有尽头，而是永远的现在此刻"；甚至柏拉图也在《蒂迈欧篇》说了，普罗提诺也重复说了这话："时间是移动的永恒的图像。"为此目的，人们可以把时间名为分开来的永恒，并在此基础上给出这样的说法：如果没有永恒，那也就不会有时间。的确，我们的智力之所以产生出时间，只是因为我们本身就处于永恒之中，自康德以来，在同一意义上，在时间之外的存在的概念被引入了哲学，但人们在运用这些词的时候可要格外小心，因为这些想法想想还可以，但却无法在头脑中直观和化为现实。

时间到处和在所有头脑里都完全均匀、有规律地流逝，这一点是很好理解的——如果时间是某样外在的、客观的、可以透过感官而看到的东西的话，就类似于某样物体。但时间可不是这样的东西：我们既看不到它，也触摸不到它。时间也一点都不只是物体的运动或者物体一贯的变化，这些东西毋宁说是在时间里面，时间因而是物体运动或者变化的前设条件。这是因为钟表可以走得太快或者太慢，但时间却不是与钟表一道走的；相反，那均匀的和正常的东西，那钟表的快和慢与之搭上关系的东西，才是时间的真正流动。钟表量度时间，而不是制造时间。就算所有的钟表都停摆了，就算太阳本身停止不动了，就算所有的运动或者变化都停顿了，也一刻都不会阻止时间的流动；时间仍然会均匀地继续运转，只是现在不再陪伴着变化而流逝罢了。但是，正如我说过的，时间不是可见、可感觉的东西，不是外在给出的和作用于我们的东西，因此不是真正的客体（客观）之物。我们唯一能说的只是：时间就在我们的内在，是我们自己那不间断向前进展的智力程序，或者就像康德所说的，是我们的内在感官与我们所有的设想和表象都带有的形式，因此，时间构成了这个客体世界剧院的基础框架。时间在所有头脑中的均衡运转，比任何其他的都更能证明：我们所有人都围于同一个梦中，是啊，做出这梦的就是某一个本质（关于时间的主观根源，假如人们对时间在如此之多的不同的头脑中都是均衡地运转感到非常惊讶，那这里头是有了某种误解，因为这种均衡性在此必然意味着在同样多的时间里流逝了同样多的时间，因此就会产生这一荒谬的设想，即设想还有第二段的，是那第一段曾走过的或快或慢的时间）。[1]这同样的事情也可在空间上得到证明，只要我能把许许多多的世界——不管那有多少——都甩在身后，但我还是永远不能脱离空间，而无论在哪里都随身带着空间，因为空间是依附着我们的智力，是属于我的头颅里面的想象机器。[2]

---

[1] 此后的版本中增加了内容。内容是：在我们看来，时间是那样完全的不言自明，以致我们自然不会清晰地意识到时间，唯一只留意到时间之中的变化过程，而这些变化当然可在实践经验中认出。所以，一旦我们的眼睛纯粹盯着时间本身，完全有意识地发问：这一本质是什么？这东西既没让我们看得见，也没让我们听得到，但所有的一切，要真正存在的话，就必须进入其中，并且以某种冷酷无情的均匀性前行，没有任何一种东西可以稍稍耽搁或者加快其进程，并不像人们那样，可以在某一既定的时间之内，完成在时间里面的事物变化——一旦我们这样发问，那我们就已经在哲学修养上迈出了重要一步。但时间看上去却是那样的不言自明，以致我们不会这样地发问，我们甚至无法想象某一没有时间的存在，因为对我们而言，时间是所有一切存在的永远的前提。正是这一点证明了时间只是我们的智力的形式，亦即认知装置的形式。所有的一切都必然显现在这时间和空间里。因此，时间与一切建基于时间的本体存在物也都随着脑髓的消失而消失。——译者注

[2] 在弗劳恩斯塔德编辑的版本中，增加了下面两段文字。内容是：没有这一类的考察——而这一类的考察也就是《纯粹理性批判》的基础——那在形而上学是不可能取得真正的进步的。那些诡辩者排挤了这些考察，以便让他们的观念体系和各种各样的闹剧取而代之，然后再度无忧无虑的。这些人是不可原谅的。

时间不仅只是我们认知的先验形式，而且还是认知的基础和基本低音；它首要构建起显现给我们的整个世界的脉络组织，是我们所有的直观理解的承载物。根据律的其余形式就好比是时间的复制品，时间是所有一切的原型。因此，我们所有涉及存在和现实的设想与表象是与时间分不开的，我们的头脑也永远离不开一前一后地反映所有事物，什么时候（Wann）仍然是躲不开的，与在哪里（Wo）一样。但所有在时间上显现出来的东西，就只是现象。——译者注

时间是我们的智力的安排。由于这一安排，我们理解为将来的事情，现在看上去似乎根本不存在，但在将来变成了现在以后，这一错觉就消失了。在某些睡梦里，在预见未来的催眠和第二视觉中，上述错觉形式就暂时被撵到了一边去，所以，那将来的事情就显现为当前发生的事情。由此解释了为何人们有时候有目的地努力，要使具有第二视觉者所预言的事情落空，哪怕是在附带的情形细节，但都以失败告终，因为具有第二视觉者在那事前的时候就已经看到其真实存在了，正如我们看到了只是目前发生的事情。所以，将来的事情也有其不变性，一如过去的事情（这方面努力的例子见之于基泽的《动物性磁性档案》，第 8 卷，第 3 部分，第71、87、90 页）。

因此，所有发生的事情，亦即在时间上相继发生的事情，其透过因果的链条向我们显现的必然性，就只是我们在时间的形式下，对整体和不变存在着的东西的察看方式；或者这必然性也就是存在的东西，虽然那存在的东西在今天被我们认为是明天，在明天则成了现在，在后天则成了过去，但却不可能不与其自身同一起来，成为不变的一体。正如在生物体、有机体里合乎目的的实用性和恰当性中，显示了那客体化在有机体中的意欲的一体性，但这一体性在我们那囿于空间的理解力看来，却是众多的部分和这些部分协调一致地为了某一个目的（参见《论大自然的意欲》，第 61 页）。同样，因果链带来的所有事情发生的必然性，恢复了客体化在所有这些事情上的自在本质的一体性。在我们那囿于时间的理解力看来，这一体性就是一连串的状态，也就是过去、现在和将来，但自在的本质本身却不认识所有这些，而是以"永恒的现在"而存在。

在催眠的遥视或预视中，因空间而起的分离比起因时间而起的分离，更常和更易被取消，因为不在现场、在遥远地方的东西，比那确实还是在将来的东西，更常被纳入直观之中。用康德的语言来说，可以此得到解释：空间只是外在感官的形式，时间则是内在感官的形式。时间和空间，就其形式而言，是先验就可直观的——这是康德教给我们的；但就其内容而言，这也是可以发生的——这是催眠中的遥视、预视教给我们的。

30

关于空间的观念性最明白易懂、也最简单的证据，就是我们无法在思想中去掉空间，就像可以去掉所有其他东西一样。我们只能清空空间：一切的一切，我们都可以用思维从空间中清除，让一切从空间中消失，我们甚至完全可以想象恒星与恒星之间的空间是空荡荡的，等等。唯有空间本身是我们不管用什么方式都无法摆脱的：不管我们做什么，也不管我们置身何处，空间就在那里，没有哪处就是尽头，因为空间是我们所有想象和想法的基础和首要条件。这完全确切地证明了：空间属于我们的智力本身，是智力的组成部分，甚至就是为编织智力的丝网提供了第一条根本的丝线，然后在这之上，才呈现了那五光十色的客体世界。这是因为只要在头脑中设想某样东西，空间就会显现出来，然后就会坚持不懈地陪伴着直观智力的所有活动、兜转和争取，正如我鼻子上面的眼镜一样跟随我这个人的一切左转右转和活动，或者如影随形。如果我注意到某样东西无论在哪里和无论在任何情况下都是与我相伴，那我就会得出结论：这与我是连在一起的，例如某一不管我走到哪里都无法摆脱的独特的气味。空间与此并没有两样：不管我想些什么，不管我设想出一个什么样的世界，空间总是首先就在那里，并且是寸步不离。那么，如果就像这里所明白显示的：空间是一个功能，并的确就是我的智力本身的一个基本功能，那由此得出的观念性质也会扩展至所有空间性的东西，亦即所有在空间中显现的东西：这些东西尽可以就自身而言至少有其客体（客观）的存在，但只要它是空间的东西，亦即只要它有形体，有大小、数量和运动，那它就受着主体的限定。再有，那精细、准确切合实际的天文学上的计算之所以成为可能，就是因为空间其实就在我们的头脑里。所以，我们并非就事物自在的样了而认识这些事物，而只是认识这些事物所显现的样子。这是伟大的康德的伟大教导。

认为无限的空间独立于我们而存在，因此是绝对客观和自在地存在；只是这无限空间的一部分是通过眼睛到达和反映在我们的头脑中——这是至为荒谬的想法，但在某一意义上却是最有成效的。这是因为谁要是清晰地意识到这想法的荒谬，也就一并直接认识到这世界只是现象的存在，因为他所把握的世界就只是某一脑髓的现象，而这脑髓的现象就随着这人的死亡而消失，以留下某一完全不一样的、属于自在之物的世界。他的头在空间中并不会妨碍其看清：空间的确还只是在他的头脑之中。

30（补充）

假设我说"在一个不一样的世界"，那如果有人问："这不一样的世界又在哪里呢？"，那这人就是相当欠缺理解力的。这是因为那空间，那赋予一切的"哪里"以意义的空间，恰恰属于这个世界。在这世界之外，并没有什么"哪里"。——平和、宁静和喜悦唯一只在没有"哪里"和"什么时候"的地方。

31

智力之于内在的意识世界，也就是光之于外在的物质世界。这是因为智力与意欲的关系，亦即智力与生物机体的关系（生物机体只是客观所见的意欲），大致上犹如光与可燃物和氧气的关系（可燃物和氧气的结合就产生了光）。并且正如光越少与燃烧物的烟雾混合在一起，那光就越纯净；同样，智力越完全与其所出自的意欲分离，那智力就越纯粹。我们甚至可以更大胆地比喻：正如我们所知道的，生命就是一个燃烧的过程，在这燃烧的过程中所产生的光就是智力。

32

　　我们的认知就像我们的眼睛那样，只是向外而不是向内观看的，所以，当认知者试图转向内在以认识自己时，所看到的就是一片漆黑，就会陷入完全的空洞。这是由于下面两个原因。

　　（1）认知的主体不是自主的东西，不是自在之物，并没有独立、原初、实质的存在，而只是现象而已，是某一次要的、附属的东西，首先是以机体为条件，而机体则是意欲的现象。一句话，这并非别的，而是总体脑髓之力聚集的焦点。我在我的主要著作（第2卷，第22章，第277页；第3版，第314页）已经阐明这一点。那认知的主体又是如何认识自己的呢，因为就自身而言，它什么都不是？它朝向内在的话，那它虽然认识到意欲——它的本质的基础——但这对认知主体来说却不是真正的自我认识，而是对另外一样、有别于它的自身的东西的认识；这东西一旦被认识了，就马上只是现象而已；但这样的现象却只有时间为其形式，而不是像外在世界的事物那样，除了时间以外还有空间。但除了这一点以外，主体认识意欲的方式也一如其认识外在事物的方式（透过那些外在事物的显现而认识它们），亦即通过认识个别的意欲行为和平常的喜恶来认识意欲，那也就是通过那些人们所说的愿望、激动、情欲、感觉等一类的东西。所以，它所认识的意欲仍旧只是现象，虽然并不像外在事物那样受到空间的局限。由于上述理由，认知的主体却不认识自己本身，因为在其自身是没有什么东西可以认识的——除了它就是认知者以外。但恰恰因为这样，它就始终不是被认识之物。它是这样一个现象：除了认知以外并没有其他的外现，所以，在它那里，并没有任何其他东西可供认识。

（2）在我们身上的意欲当然是自在之物，是自为的存在，是首要和独立的，其现象就作为机体显现在空间中的直观和理解的大脑中。虽然如此，意欲是没有自我认知的能力的，因为就它自身而言只是某一欲望和渴求的东西，而不是认知的东西，因为作为这样的东西，并不认知到任何东西，所以也认知不了自己。认知是某一次要的和经过中介以后的功能，并不直接属于那自身本质上是首要的意欲。

33

对自身不带偏见地作一番最简单的观察，结合解剖学的成果，就可得出这样的结果：智力，一如其客体化，即脑髓及与之相连的感觉装置，不是别的，而是某一大为加强了的对外在印象的接收能力。但智力并不是组成了我们原初的和真正内在的本质的东西，所以，在我们身上，智力并不是那在植物里催生和发芽之力，或者石头里的重力与化学之力。只有意欲才表明就是这些东西。智力在我们身上就是在植物那里的这种东西：它是促进或者阻碍植物接收外在的影响，接受物理和化学的作用以及其他东西的能力。只不过在我们身上，这种接收能力得到了如此之大的提高，以致由于这种能力，整个客体世界、这作为表象的世界就显现出来了，直至达到了这样的程度，以致其起源就成了客体。为了形象地阐明这一点，我们设想那世界没有一切动物性的生物。那这世界就是没有察觉的、感觉的，因而根本不是客体（客观）存在的，但此刻姑且假设这世界是客体（客观）存在吧。那么，现在，就让我们想象一定数量的植物彼此近距离地从地里长了出来。这些植物受到了多样的影响，例如空气、风、植物相互间的碰撞、潮湿、寒冷、光线、温暖、电压，等等。现在，我们在思想里越加提升了这些植物对这些作用的接受能力，这种接受能力最终就成了感觉，伴随着的是把这些作用与其原因联系起来的能力。这样，到最后，那感觉就成了察看、察觉或者观看。那世界就马上在那出现了，就显现在空间、时间和因果律之中；但这却只是外在影响作用于植物的接受能力的结果。这种形象的思考相当适合帮助我们理解外在世界那纯粹现象的存在。这是因为谁又会想到要做出这样的宣称：在那种直观中有其存在的情形（而那直观则纯粹是产生于外在的作用影响与活跃的接受能力之间的关系），展现了所有那些自然力（这些自然力据假设是对植物发挥了作用）的真正客观、内在和原初的特性和构成，因而也就是展现了自在之物的世界？我们透过这一形象的例子可以明白为何人的智力范围如此的狭隘，就像康德在《纯粹理性批判》中所证明的。

相比之下，自在之物就只是意欲。因此，意欲就是现象的所有特性的创造者和承载者，意欲无疑会受到道德方面的指责；但甚至认知及其力量，亦即智力，也是属于意欲的现象，因而是间接属于意欲。智力狭隘和愚蠢的人始终受到别人的鄙视，或许就是因为在他们那里，意欲如此减轻了负担，而为了其目标就只是装备了两克温特的智力，至少部分是这样。

34

就像我在上面（第 25 节）和《作为意欲和表象的世界》（第 1 卷，第 14 章）已经说过的，不仅显而易见的事实是直观的，任何对事物的真正理解也都如此。所有语言都有无数比喻的方式，就已经证明了这一点。那些比喻也就是努力把一切抽象的东西还原为直观之物。这是因为某样事物的纯粹抽象的概念并不会让人真正懂得这事物——虽然抽象概念可以让我们谈论这些事物，正如许多人大谈许多事情一样。事实上，一些人在谈论事情的时候，甚至连这些概念都不需要，他们只需搬弄字词，例如一些学来的专业、技术用语，就足够应付了。与此相比，要真正理解某样东西，我们就必须从直观上把握它，要接收到一幅清晰的图像，尽量地取自现实本身，否则就要通过想象力了。甚至那些太过宏大或者太过复杂，我们难以一眼就尽收眼底的东西，要真正理解的话，那也必须要么部分地、要么透过某一可一览无遗的具有代表性的东西，让我们可以直观地想起来。但如果连这一点都难以做到，那我们至少要尝试通过直观图像和明喻帮助理解。直观确实就是我们认知的基础。这一道理也反映在我们处理非常庞大的数目和相当巨大的、只能运用这些数目以表达的距离时，例如，在研究天文学的时候——此时，我们虽然是在抽象中思维，但却并没有真正和直接理解这些数目，而只是获得了某一比例概念而已。

但是，哲学家比起任何其他人都更应该从那一切知识的源头，从直观知识中汲取，因此眼睛应该始终注视着事物本身、大自然、世事、人生，让这些而不是书本成为他的思想的主题。哲学家也必须把所有现成的、流传下来的概念永远放在自然、生活中检验和核实。因此，书本并不是知识的源头，而只是他们的辅助工具而已。这是因为从书本获得的知识只是二手的东西，并且通常都已是有点失真、歪曲的。这些的确就只是事物的原型，亦即这一世界的反射、影像；并且镜子很少是完全干净、无尘的。相比之下，大自然现实却从来不会撒谎；对大自然来说，真理就是真理。所以，哲学家必须以大自然为研究对象。也就是说，大自然的巨大、清晰的特征与它主要和根本的特性生发了哲学家要琢磨的问题。据此，哲学家就把大自然重要的和普遍的现象，那随时、随处可见的东西作为要考察的对象，而专门的、稀有的、特定的、细微的或者转瞬即逝的现象则留给自然科学家、动物学家、历史学家等。哲学家关注的是更重要的东西：这一世界的整体和全部，其本质和根本真理是哲学家的更高目标。所以，哲学家不能同时纠缠于个别、零星、微小的事情，正如从高山之巅俯览地上全景的人不可能同时考察、断定山谷下面生长的植物一样，而只能把这些工作留给待在那里研究植物的人。一个人要全副身心和全力投入到某一专门的学科分支里面，那当然就必须对此怀着挚爱，但对其他所有的事情也就肯定是漠不关心的，因为把全副力量奉献给某一专门领域的前提条件只能是对所有其他事情一无所知，这就好比要和一个女人结婚的话，就得放弃所有其他的女人。因此，第一流头脑的人永远不会完全献身于某一专门的科学，因为他们最上心的是对整体事物的见解。这些人是统帅，而不是士兵长；是乐队指挥，而不是乐团中的演奏者。一个伟大的思想家又怎么可能满足于只是精细了解这整体事物中的某一支线、领域及其与其他事物的关联，而不顾所有其他的？相反，他明显把目光瞄准了整体，其努力都投入到事物和世界的总体，在这方面，任何事情对他来说都不是陌生的。所以，他不能把自己的一生消磨在某一专业的微小细节上面。

34（补充）

A. 至今为止哲学的不成功是必然的，对此的解释就是：哲学家并不是局限于对特定的世界作更深一层的理解，而是马上就想要超越这一世界，试图去发现一切存在的终极原因、永恒的关系。而要思考这些，我们的智力是完全无法胜任的，其所能理解的绝对只是哲学家们一会儿称为有限的事

174

物，一会儿又名为现象的东西。简言之，我们的智力只适合把握这一世界的短暂易逝的形体，以及那些对我们的个人、我们的目标和维持我们的自身有用的东西；这种智力所涉及的是在经验和知识范围之内。所以，我们的哲学也应该是在经验和知识的范围之内，不要逾越到超自然、超尘世的事物里面，而是要限于从根本上理解这特定的世界。这一世界已给出了足够多的素材。

B. 如果是这样的话，那我们的智力就是大自然给予的一件可怜的礼物，因为这智力只是适合于理解与我们可怜的个体存在有关的，也只维持在我们世俗存在一段短暂时间的关系和情形。相比之下，那唯一有价值的东西，一个有思想的人会感兴趣的东西，对我们的存在的一个解释，对这世界的关系和情形在整体上的分析，一句话，对这人生大梦之谜的解答——当所有这些根本就不是智力所能探究的，并且就算向这智力细述对所有这些探究的解答，这智力也永远无法明白，那我就认为这智力并不值得培养，不值得我为其操心。那是一样不值得我弯腰捡起的东西。

A. 我的朋友，如果我们抱怨大自然，那我们一般都是错的。只需想一下："大自然是不做无用功的，既不做多余的事情，也不会白送礼物。"我们只是一时的、有限的、转瞬即逝的、梦一样的生物，影子般一掠而过。这样的人要有理解无尽、永恒、绝对的关系和情形的智力，目的又是什么？而有了如此智力的人，又如何能够再度放下这些关系，转回到唯一现实的、唯一真正涉及我们那白驹过隙一般存在的渺小关系和情形，并为这些效力？大自然要是给了我们这样一种智力，那它就不仅做出了某一巨大的无用功，而且还做出了违背其目的的事情。这是因为这又有什么用呢，就像莎士比亚说的：

> 我们这些大自然的傻瓜，
> 如此可怕地扰乱心神，
> 竟为了那些心魂之外的东西？
>
> ——《哈姆雷特》，第 1 幕，第 4 景

这样一个完整和透彻的形而上的见解，难道不会让我们无力对所有自然、物理的东西有所见解，不再有能力做事和行动？难道不是或许就让我们永远处于惊恐麻木之中，就像见到了鬼魂？

B. 但你所做的却是"以待解决之问题作为依据"，即我们只是一时的、转瞬即逝的、有限的生物。但与此同时，我们又是无限的、永恒的，就是那大自然的原初源泉本身。所以，这是值得我们花费工夫持续地探索，看看"大自然最终是否可以探究"。

A. 根据你自己的形而上学，我们只是在某种程度上是无限和永恒的，即在作为自在之物而不是作为现象的时候，是在作为世界的内在源泉而不是作为个体的时候，是在作为生存意欲而不是作为个体认知的主体的时候。在此，我们谈论

的只是我们智力的性质而不是意欲，而作为有智力的生物，我们是个体的和有限的；据此，我们的智力也是有限的。我们生活的目标（我允许自己用一个形而上的表达）是实际性的而不是理论性的：是我们的做事，而不是我们的认知属于永恒；我们的智力就是要引导我们的做事和与此同时在意欲面前摆上一副镜子。这就是智力所做的事情。智力要做出比这更多的话，那极有可能是不适宜的，因为我们已经看到天才，那小量的智力盈余如何妨碍了有这智力盈余的个人的生涯和经历，造成这样的人外在的不幸——虽然在内在可能会让他幸福。

B. 你提醒我天才的事情，很好！这部分地推翻了你想要申辩的事实：在天才那里，理论性的一面异常地压倒了实际性的一面。虽然天才无法把握那永恒的关系，但对这世界的事物，他却已经看得稍为深刻了一些，但深入到界限，却是对的。这当然让受惠于天才的人没有那么恰到好处地把握那些有限的、尘世的关系和情形，这就好比是在剧院用上了望远镜。此处似乎就是我们一致的地方，我们共同的探讨也就到此为止吧。

35

在凝视某一物体一段长时间以后，眼睛就会变得迟钝而无力看清东西。同样，持续思考同一样事情会让智力无力琢磨和把握这事情，智力会变得迟钝和混乱。我们必须把事情放下，以便再次思考时重新看到其清晰的轮廓。所以，看到柏拉图在《会饮篇》（第 220 页）所说的，即苏格拉底在思考突然想起的问题时，就会 24 小时僵硬不动，活像雕塑一般，我们就不仅会说"这不是真的"，而且还补上这一句"这种杜撰很不高明"。从智力需要得到休息的事实，也就可以解释为何在间隔某一段长时间以后，当我们就像新的和陌生的人一样注视这世界事物的日常进程，亦即带着一副新鲜的、完全不带偏见的目光观望时，那事物的关联和含义就会至为清晰和纯净地展现给我们。到了这个时候，我们也就简单、明了地看清了事物，我们就是无法理解为何这样清楚、明白的事情，却不为时刻身处其中的人所发觉。诸如此类的清晰时刻，因此可以比之为"清澈、健全的时候"。

36

在更高的意义上说，甚至那突发灵感的时候，连同其带来的瞬间光明和才思，都只属于天才的"清澈、健全的时候"。所以，人们可以说天才与疯癫只有一层之隔。但理性之人的理智其实也只在"清澈、健全的时候"才真正发挥作用，因为理性之人也并非永远都是那么理智。精明的人也同样不是在每时每刻都那么精明；就算是有学问的人也并非在每一刻都能引经据典，因为有时候他也无法想起本来相当熟悉的东西，并把这些东西有条理地联系起来。一句话，"没有人可以每时每刻都那么智慧"。所有这些似乎表明：脑髓汁液有其潮汐的特定时间，或者脑髓纤维有其张、弛之时。[1]

　　但是，正当脑液如此泛潮之时，如果一些新颖、深刻的见解突然到来，我们的想法、念头同时也自然提高了活跃度，那引发这些的始终是某一直观的诱因。直观、直觉的见解是每一个伟大思想的根源和基础。这是因为字词在其他人那里唤起思想，但字词唤起我们的只是图像。

37

　　我们要尽快记录下我们有价值的、自己的思想是不言自明的：我们有时候甚至会忘记我们所经历过的事情，那我们所想过的东西失之遗忘就更是多得多了！思想不会是我们呼之即来，而是在它们愿意的一刻降临。但我们最好不要记录下从外在现成的就可以获得的、只是学来的或者尽可以翻书重新找到的东西。也就是说，不要只做文学、科学著作的汇编，因为把某样东西抄写下来也就等于把它们付诸遗忘。对待我们的记忆力，我们应该苛刻、严厉一点，这样，记忆力才不至于忘了服从我们。例如，我们在无法回想起某一事情、某一诗句或者某一字词的时候，不要翻书把它们找出

----

[1]　根据精神的能量是处于加强抑或松弛的状态（这是机体生理状态所致），我们的精神智力相应上升至相当不同的高度：有时候在以太的高空中翱翔并直观这一世界，有时候巡游在地面的沼泽、泥潭之上，大多数时候则在这两端之间徘徊，或更接近这一端，或更接近那一端！意欲对此无能为力。

来，而应该长达数周地定期催促、烦扰那记忆，直至其履行义务为止。这是因为我们不得不要去回忆这些东西的时间越长，这些回忆起来的东西在以后就越牢固地黏附在我们的记忆里；我们花费如此精力才从记忆深处找回的东西，与借助翻书重又刷新记忆相比，会在以后需要的时候更容易听候我们的吩咐。而借用某一技巧方法死记东西的记忆术，其基础就是人们信赖自己的聪明更甚于记忆力，所以，我们就把后者的任务交由前者完成。也就是说，我们必须把难以记住的东西替换成容易记得的东西，目的就是在将来可以再度替换成前者。但这样的记忆术与自然的记忆力相比，就犹如假肢与真肢之比，并且如同所有的一切，为拿破仑的这一句话做出了诠释："非天然的东西都是有欠完美的。"在开始的时候，借助于记忆术记住新学来的事物或者字词，直至它们融入我们天然、直接的记忆中去，是不错的办法。这就像我们暂时借用拐棍一样。我们的记忆到底是如何开始从经常是一望无际范围的储存库里马上找到我们每次所需之物；那有时候是漫长、盲目的搜索在这之后如何自动展开；那一开始遍寻不获的东西是如何在大多数情况下，在我们已经发现了相关的某一细小线索以后，否则就是在数小时或者几天以后，我们完全是自动地、没有来由地想起来了，就像有人悄悄地告诉了我们——所有这些对我们在此过程中的当事人来说都是一个神秘之谜。不过，这一点在我看来是毋庸置疑的：要记住和处理如此大量、种类如此繁多的记忆素材，记忆力那神秘莫测和精致细微的操作是永远不可以被人为地、有意识地运用类比技巧所取代的。在借助这些人为的记忆技巧时，天然的记忆力必须始终是记忆过程的原动力，但现在记忆力就不得不记下两样东西，亦即记号和记号所代表之物，而不只是一样东西了。无论如何，记忆术这种人为的记忆也只能帮助记下相对很小的一部分东西。总的来说，事物是以两种方式印在我们的记忆里：第一，通过我们刻意的死记硬背，如果要记住的只是一些字词或者数字，那我们不妨暂时运用记忆术的技巧；第二，由于事物给我们留下的印象，我们用不着做出任何努力就自然而然记住了它们，这些事情的确就可以被称为"让人难忘"。正如创伤通常只是在稍后，而不是在当下让我们感到痛楚，同样，许多事情或者许多听过、读过的思想给我们留下了比当时马上意识到的要更深刻的印象。但在这之后，我们一次又一次地想到这些东西，结果就是这些我们已经无法忘记，已经融入我们的思想体系之中，并能适时出现。再者，很明显，这些东西在某一方面是我们深感兴趣的。但要对事情感兴趣，就要求我们有活跃的、渴望吸收客观东西的心灵，追求见解和知识。许多学者之所以对自己本行的东西惊人的无知，归根到底就是因为他们对那些学问的题材和对象缺乏客观兴趣；这样，与这些有关的发现、见解和解释就不会给他们留下强烈的印象，所以也就不会留在记忆里。这是因为，大致而言，这些人对其学习的东西不曾怀有挚爱，他们只是强迫性地学习和研究。一个人对越多的事物感到强烈的和客观的兴趣，那以这自发的方式留在他记忆中的事情也就越多。所以，在年轻的时候，留在记忆中的事情也是最多的，因为在年轻的时候，事物的新奇感提高了人们对这些事物的兴趣。记忆的第二种方式比第一种方式更可靠扎实，并且它还会自动为我们挑选重要的事情，虽然这些重要的东西对一个冥顽不灵的人来说，只是局限于个人的俗务。

37（补充）

记忆可以比之于一个任性和反复无常的人，一个年轻的姑娘：有时候它会完全出其不意地拒绝提供它已提供了百次之多的东西，然后在稍后，在我们不再想着这事情的时候，它却自动给出这东西。

如果我们把一个词与某一形象联系起来，与把这词与只是某一个意思联系起来相比，那这词会更牢固地留在我们的记忆里。

如果我们一劳永逸地知道了所学到的东西，那将是一件美妙的事情，只不过情形可不是这样：每一学到的知识都必须不时通过重温而翻新记忆，否则，就会逐渐被遗忘掉。但是，纯粹的重温又是让人厌烦的，所以，我们需要学习一些新的东西。因此，"不进则退"。

38

我们思想的特质（其形式的价值）发自内在，但思想的方向和因此思想的素材却是来自外在的。这样，我们在既定的每一刻所思考的内容就是两种根本不同的因素的产物。据此，客体、对象之于精神智力就只是琴弦拨子之于弦琴。因此，相同的景象在不同的头脑里会引发出极为不同的思想。当我仍处于精神智力的花季岁月和思想能力的顶峰时，适逢脑髓最高度集中的一刻，那信目所游、所见之物都会向我说出启示，这一连串都值得记录下来，并且写下来的思想也就产生了。但随着年月的递增，尤其是随着活力的衰减，上述类似时刻就越来越少了，因为虽然客体、对象是琴弦拨子，但精神思想却是弦琴。这一精神思想的弦琴是否调校至发出最和谐、响亮的声音，从根本上决定了每个人头脑中所反映的世界的差异。正如这精神思想的弦琴受制于每个人的生理和解剖学的条件，同样，琴弦的拨子也操纵在偶然的手中，因为这偶然为我们带来了所要研究和思考的对象物。但在此，这事情大部分还是由我们任意选择，因为我们至少可以通过决定所要研究哪些对象物和选择置身何种环境以部分地随意决定这事情。所以，在这方面我们应该多花点心思，有目的地和讲究方法地行事。类似建议由洛克的精美小书《论对悟性的引导》提供给我们。但是，针对有价值的对象物的认真、美好的思想却不是在任何时间随意呼之即来。我们所能做的只是为这些思想的到来铺平道路，亦即把没有价值的、愚蠢的和庸常的念头拒于思想的门外，避开一切信口胡言和昏话瞎侃。这样，我们就可以说：要想出些有智慧的东西，最便捷的方法就是不要思考无聊、乏味的东西。我们只需为美好的思想敞开大门，它们就会造访。正因为这样，我们不要在每一空闲的时候就马上随手拿起一本书，而应该先让我们的头脑思想安静下来。然后，一些很好的想法、念头就会到来。里默在他所写的关于歌德的一本书里说过一句很中肯的话：独特思想的到来几乎只是在散步或者站立之时，甚少是在坐着的时候。因为生动、深刻、具有价值的思想的到来是有利的内在条件的结果甚于外在条件所致，所以，由此就可以解释为何涉及多个完全不同对象的诸如此类的思想，通常会快速、接二连三地交替出现，很多时候甚至几乎是同时涌现。如果是后一种情形，那这些思想就会像一个水晶洞里的水晶一样互相纠缠在一起。事实上，这种情形就类似狩猎者同时看见和追逐两只兔子。

39

一般正常人的智力相当的狭隘、贫乏，意识也极不清晰——这可以通过这一事实看得出来：尽管投进无尽时间之中的人生有如白驹过隙，尽管我们的生存是如此的艰难和窘迫，举目尽是难以胜数的不解之谜；尽管众多现象别有深意，尽管生命是完全不足够的——尽管这样，也不是每个人都经常和不断地探究哲学；甚至不能说是很多人，或者只有那么一些人是这样做的——不，应该说只是零零星星的个别人才去思考哲学，这些人纯粹就是例外。其余人等就生活在这大梦里，与动物并没有多大的区别，不同之处只在于这些人比动物多了对将来几年的预见和筹谋而已。那表示出来的对形而上学的需求，从一开始就由上头以宗教的手段打发了事，而这些宗教不管是何货色，都足以应付这种需求了。或许还有比表面看上去更多的人在私下里探究哲学——虽然这之后或许有结果显示如此。我们人类的处境的确是艰难和窘迫的：那样的一段生活时间，充满着困顿和操劳、恐惧和苦痛，但却一点都不知道何来、何往与何为；与此同时，还有那各式的牧师神父及其各自的启悟，以及对不信者的威胁、恐吓。除此之外，人与人的相见、相交，就犹如面具与面具的周旋；我们并不知道自己是谁，就像面具甚至不了解其自身。动物就是这样看视我们的，而我们也是这样看视动物的。

40

我们几乎相信我们所有的思维，半数是在无意识中进行的。在大多数情况下，还没有想清楚前提，结论就来了。这一点从下面这情形就已经可以推断出来：有时候，某一事情的发展结果是我们一点都无法预料的，这事情对我们自己的事务会有何影响，更是我们所无法清晰测量的，但这事情仍然明白无误地影响了我们的整个心境，因为这事情使我们的心情变得开朗或者忧郁，而这只能是无意识默想的结果。这种情形在下述例子中表现得更明显：我对某一理论性或者实际性的事情的事实素材有了了解以后，经常会在我没再想到的这些情况下，经过几天的时间，事情的结果，亦即这件事情是怎样的一种状况，或者对此要做的事情会自动和清晰地出现在我的感觉意识里。但这究竟是以何种操作得出的结果，是我不得而知的，就像计算机运算操作是我无法看见的一样。这恰恰就是无意识的思考。同样，不久以前，我就某一主题写下了一些东西，但随后我就没再考虑这一问题了。但有时候，脑子里就会突然有了对这一课题的补充议论，而在此之前的期间我可是完全没有想过这件事情的。类似的事情就是我连续几天努力地回忆起某一忘记了的名字，但偏偏在我一点都不再想起这一事情的时候，我会突然想起这一名字，就好像有人在我耳边悄声告诉了我一样。确实，我们那些最好、最富内涵和最深刻的思想是突然灵光般出现在意识之中，并且经常是马上就以有分量的妙语方式表达出来。很明显，这些是长时间无意识默想，以及无数的经常在很久以前的直观洞见的结果——但那些单个的、具体的洞见却已被我们遗忘了。关于我对这一问题的论述，读者可阅读《作为意欲和表象的世界》（第2卷，第14章，第134页；第3版，第148页）。我们几乎可以大胆地提出这一生理学的假设：有意识的思维在脑髓的表层进行，无意识的思维则在脑髓的内层发生。

41

面对生活单调和由此产生的枯燥无味，经过相当一段时间的生活以后，人们就会发现生活无聊得让人难以忍受——

假如我们总体的认识和见解不是在持续进步，对所有事物和关系的理解不是变得越来越清晰和透彻的话。这既是成熟和经验结出的果实，也是我们自身在不同的人生阶段承受了变化所致——因为经此变化，我们就在某种程度上总是处于某一新的审视角度；从这新的角度观察，事物就展现了那仍不为我们所知的一面，给出了不一样的现象。这样，尽管我们精神力的强度衰减了，但"今天教导昨天"就仍然不倦地持续下去，让生活蒙上了某种永远新奇的吸引力，因为那同一物就永远呈现为不同的和崭新的东西。所以，任何一个有思想的老人都要把梭伦的话作为自己的座右铭："我年事已高，但仍好学不倦。"

附带一说，我们的情绪、心境的许多不同的变化也每时每刻发挥着同样的作用。我们也因此每天都是在不同的光线下看事情。这就减少了意识、思想的单调，因为这作用方式一如持续变换的日光，连带其层出不穷、变幻莫测的光线效应照射在一处美丽的乡村风景：结果就是这一风景让人百看不厌，每次都给我们新的愉悦。所以，处于不同的心境，那熟悉的东西就显现出新奇的一面，引发新的思想和见解。

42

谁要是想后验地，因而通过试验去解决某些他先验地就可认清和决定的事情，例如，每一个变化都必然有着某一原因，或者数学方面的真理，或者出自机械学、天文学的那些可以还原到数学的命题，或者从为人熟知和毋庸置疑的大自然法则引出一些命题，那都会招人轻视。我们最近的那些从化学角度出发的唯物论者就给出了这方面一个很好的例子。他们那极为片面的学问知识已让我在其他地方说过这样的话：只有化学的知识可能会让人成为药剂师，但却无法让人成为哲学家（参见我的《论大自然的意欲》中"前言"，第2版，第4页）。也就是说，这些人以为透过经验的途径就在那先验的真理方面有了新的发现，而那先验的真理在他们之前已经说了千遍之多：即物质是恒存的；这些家伙大胆地宣告（而并不理会对此一无所知的世界），并透过经验的方式真诚地证明此发现〔"对此的证明，只有我们的天平和曲颈瓶才可以提供"，路易斯·布希那博士先生在《力和材料》（第3版，1856，第17页）中说的，而这些话是他这个学派的幼稚回声〕。但他们是那样的没有信心和那样的无知，以致在此不用那唯一正确和适用的字词"物质"，而是采用他们熟悉的"材料"（Stoff）。这样，先验的命题"物质是恒存的，因此，其定量永远不会增加也不会减少"就表达为："材料是不朽的。"他们在这样说的时候就感觉到了新意和伟大，说的也就是他们的新发现，因为自数个世纪，甚至数千年以来，就恒存物质的重要地位和恒存物质与始终是现有的形式的辩论，当然是这些小人物所不知道的。他们就像是新生的婴儿，由于"太迟学习"而受苦太甚，而这被格留斯（《阿提卡夜话》，11，7）描述为："太迟才学到东西的人，缺点就是以前没有学过的就一直不知道，一旦终于开始了解，就会到处利用每一个机会把那自认为是了不得的东西说出来。"如果有哪位天生是有耐性的人，肯花工夫让那些从厨房里走出来、一无所知的药剂师毛头小伙和理发匠学徒明白物质与材料的区别，那就好了：材料已经是有了限定的物质，亦即物质与形式的结合，而这两者也可以再度分开。所以，恒存的唯独只有物质，而不是材料，因为材料仍然可能成为另外的材料——还没把你们那60种元素除外呢。物质不灭永远不是由实验而发现和决定的。因此，假如这不是先验就可以确定下来的话，那我们对此永远都是无法肯定的。对物质不灭和物质在各种形式中变换的认识，完全和明确的就是先验的，因此也就是并不依赖于经验——莎士比亚剧中的一段话就可证明这一点，而莎士比亚却当然并不怎么了解物理学，也不会总体上知道得很多，但他却让哈姆雷特说：

恺撒死后化为土，

用以补洞风可堵，

啊！那泥土曾让世人敬和畏，

现在却是补墙驱冬寒。

——《哈姆雷特》，第5幕，第1景

所以，莎士比亚已经应用了这一真理，但我们今天的唯物论者却经常从药房和诊所那里端出这一真理，因为他们显然对发现这一真理很感得意，并且认为这一真理是经验主义的硕果，正如我上文所说的那样。但谁要是反过来，想要先验地阐明唯独是后验的、只能从经验中知道的东西，那就是招摇撞骗和受人嘲笑。谢林及其弟子就提供了有关这些错误的警示例子，就像当时某一个人美妙地说出的，先验地射击一个后验的目标。谢林在这些方法和技巧方面的成就，人们可以从他的《自然哲学体系第一概要》中清楚地了解。一眼就可看出，谢林偷偷地和完全以经验的依据从我们面前的大自然抽象出普遍的真理；然后，用简单明了的话语在总体上表达这真理的特性。现在，谢林就拿着这些当作是先验发现的、这大自然的、可设想性方面的原则；然后就很高兴地从这些原则再度推论出所碰到的、构成了这些原则的基础的事实。据此，谢林就向其学生证明：大自然不可能是另外的样子：

> 哲学家走了进来，
> 向你们证明：这必然就是这个样子。

人们可以在上述著作第 96 和 97 页读到这方面的滑稽例子，那就是对无机大自然和重力做出先验演绎。在我看来，这就像小孩向我表演戏法：我清楚地看到这小孩练习把小球藏在了杯子底下。之后，我就要在杯子底下发现小球并要为此感到惊奇。有这样的老师这样的作为，我们就不会奇怪在长时间以后，在那同一条道路上还可碰到他的学生，看着他们如何想要从模糊的，从经验中得到的概念，例如从蛋形、球形，根据任意设想的，就像是用斗鸡眼看到的模糊相类似，例如卵生动物、脊椎动物、腹肚动物、乳房动物等一类荒唐的东西，而先验演绎出大自然的行事；与此同时，我们从其郑重其事的演绎可清楚地看出：他们总是偷偷瞄看唯独后验才可确切的东西，但仍经常明显扭曲大自然以让大自然吻合他们的怪诞念头。相比之下，那些老实秉持经验论的法国人却是多么地值得尊敬。他们坦白承认只是向大自然学习和探究其进程，而不是规定大自然要有什么样的法则。纯粹采用归纳的方法，他们就发现了既深刻又准确的动物王国的划分法。而德国人则根本无法欣赏这种划分法，因此就把这撇到一边去，为的就是借上面提到的那些古怪和偏颇的想法以显示其独创性。然后，他们就这些而互相赞叹。好一些在评判思想价值方面眼光锐利并且公正的评判员！出生在这样的国家，该是多么幸运啊！

43

一旦我们对于某一事情有了某一坚定的看法以后，对于这同样事情的新的意见和看法，我们都会持拒绝和否定的态度，这是相当自然的。这是因为这些不同的意见有损我们暂时已是自成一体的一套信念，打扰了我们以此得到的宁静，苛求我们做出新的努力和宣告以前的思考努力白费了。据此，纠正我们错误的真理就好比是苦口、难吃之药，并且不会在服食的当下就显现其疗效，而只能过了一定时间以后才显现出效果。

所以，我们看到个人已是顽固坚持自己的错误，大众群体就更是如此了：对于他们既定的看法，经验和教诲穷数百年之功也不会发挥多大的效力。所以，就有了某些受到人们普遍喜爱并被深信不疑的错误看法，这些看法每天由无数的嘴巴自鸣得意地重复。我已开始把诸如此类的错误看法弄成目录，我请求读者作更多的补充。

（1）自杀是懦弱的行为。

（2）不信任别人的人，自己本身就是不诚实的。

（3）功勋卓著的人和思想天才，都是发自身心的自谦。

（4）疯癫之人是极其不幸的。

（5）哲学是无法学会的，只有哲学探究才是可以学会的（真相与此说法却恰恰相反）。

（6）创作优秀的悲剧要比创作优秀的喜剧容易。

（7）人们跟着培根学舌说：懂得一点点哲学会使人不相信上帝，但懂得很多哲学却让人返回到上帝那里。——是吗！那走着瞧！

（8）知识就是力量（Knowledge is power）——简直是鬼话！一个人可以很有知识，但却并不因此拥有丁点力量（或权力）；而另一个人很有力量（或权力），但却没有丁点的知识。所以，希罗多德非常正确地表达了与此相反的说法："对人来说，至为痛苦的事情莫过于懂得很多，但却对事情无能为力。"（《历史》，9，16）有时，一个人的所知会使他有了对付别人的力量，例如，他知道别人的隐私，或者别人不知他的底细，等等。但这仍不足以证实"知识就是力量"的说法是正确的。

许多人未作深思就在相互间鹦鹉学舌这里面的大部分说法，纯粹只是因为这些说法乍一听起来似乎很有见地。

44

我们在旅行的时候就可以观察到大众的思维方式是多么生硬和僵化，与他们打交道又是多么的困难。这是因为谁要是有幸与书为伴更甚与人交往，那他所看到的只是思想、知识的轻松交流，连带那有思想者之间相互快速的作用和反作用。这样，他就会很容易忘记在那可以说是唯一现实的世俗人群当中，情形却是完全另外一种样子。到最后，这个人甚至会误以为所获得的每一深刻见解马上就会成为全人类共同的财产。但我们只需某一天坐火车旅行到远一点点的地方，就会发现此刻所处的地方，人们仍固守着某些歪论、谬见、风俗习惯、生活方式和衣着款式，的确是自多个世纪以来一直保留不变。而这些东西在昨天所到的地方却是没有人知道的。那些地方方言与此也没有两样。我们由此可以得出结论：书本与人众之间存在着多么巨大的鸿沟，已获承认的真理抵达大众的步伐又是多么的缓慢——虽然这些步伐是确实的和肯定的。所以，就其传递的速度而言，没有什么比智力之光更不像自然之光的了。

所有这些都是源于大众甚少思考，因为他们在这方面的时间和练习都是欠缺的。不过，虽然大众长时间抱住错误不放，但在另一方面，大众却不像学术界那样是一个每天变换言论风向的风信鸡。这是相当幸运的，因为想想那人多势众的巨大群体如此快速地变换运动就够吓人的了，尤其当我们考虑到大众在变换方向时所冲走和推翻的一切。

45

对知识的渴求，如果目标是事物普遍的原理，那就是求知欲（Wissbegier）；如果想要知道的只是单个、零星之物，就应称为好奇、好打听（Neugier）。小男孩大多显示出求知欲，小女孩则只表现出好打听；小女孩在这方面的好奇心可以达到令人吃惊的程度，并经常伴随着让人厌烦的天真。女性这种只关注个别事物而无法感知普遍原理的特性，在此已经预示出来了。

46

一个结构良好并因此配备了细腻判断力的头脑具有两大长处。第一个长处是在所看见过的、经历过的和阅读过的事物中，只有最意味深长、最重要的东西才会附着于这种头脑，并自动打印在记忆中，以便在将来需要的时候招之即来，其他的则任其流走。据此，这种人的记忆就像细密的筛子：只有大块的东西才会留下来；而其他人的记忆则像粗眼的筛子：除了偶然留下的东西以外，一切都被漏掉了。具备这种头脑的人的另一长处与上述第一个长处是相关的，即凡是与某一事物或者某一问题相同性质的、类似的，或者有着某种关联的东西——无论这些东西距离多么遥远——都会适时在这一脑海中出现。这是因为这种人只抓住事物真正本质性的东西；这样，甚至在彼此差异极大的事物中，也能马上认出其同一性的东西和因此相互间的关联。

47

理解力并不是以其广度，而是以其强度（或深度）见称。所以，在这一方面一个人可以放心地与一万个人较量一番，而一千个傻瓜凑在一起也产生不了一个聪明的人。

48

挤满这一世界的可怜的平常人，真正缺乏的是两种彼此密切相关的能力，亦即判断力和能有自己思想的能力。但这类人缺乏这两者的程度是不属于这类人的人所难以想象的，也正因此，外人难以想象这类人的生存是多么的贫乏和悲惨，以及"愚蠢之人所饱受的苦闷和厌倦"。这两种思想能力的欠缺正好解释了，一方面为何在各个国家泛滥、被同时代人称为"文学"的文字作品，其质量是那样的低劣；另一方面为何真正的作品在这些人当中出现时会遭受如此的命运。也就是说，所有真正的创作和思考都是在某种程度上试图把某一伟大的头脑加在渺小人物的身上，这种努力不会马上取得成功就不足为奇了。作者要给予读者乐趣的话，所要求的永远是这位作者的思维方式与其读者的思维方式在某种程度上的协调一致；这种协调一致越完美，那读者感受到的乐趣就越大。因此，具有伟大思想的作者也就只能被拥有伟大思想的读者所完全欣赏。也正是因为这样，拙劣或者平庸的作者会引起有思想的读者的反感和厌恶。事实上，与大多数人的交谈也是同样的结果。能力不足和不相协调可是无处不在。

借此机会，我想提醒大家：我们不应只是因为某一新奇的和或许是真实的话语，或者思想是在某本劣书中找到，或者是从某一傻瓜口中听到就低估它的价值。其实，那本劣书偷窃了这一思想，而傻瓜则人云亦云，这当然是被隐藏起来的。另外，一句西班牙谚语也这样说："傻瓜了解自己的家里更甚于聪明人了解别人的屋子。"因此，每个人都比别人更了解自己的领域。最后，我们都知道，甚至一只瞎眼的母鸡有时候也会找到一小粒玉米。甚至这一句话也是对的：

> 没有头脑思想的人，其头脑里面是一个谜。[1]

所以，甚至园丁也经常一语中的。这样的事情也是有的：我们在很久以前曾经听到一个很普通、没受过教育的人说过的

---

[1] 这是盖斯福德在斯托拜乌斯的《文选》"前言"中引用的（第30页，根据格留斯，图书Ⅱ，第6章。参见《文选》，第1卷，第107页）。原文是这样写的："甚至一个愚人也经常说出恰当的字词。"据说是埃斯库罗斯的诗句，但编者对此存疑。

一句话，或者描述过的某一经历，但自那以后却一直无法忘记。但我们由于这些东西的出处而倾向于低估其价值，或者视其为早已普遍为人所知。如果是那样的话，我们现在就应该问一问自己：在那么长的时间里我们是否重又听过，或者甚至读到过这些东西？如果情况不是这样，那我们就要敬重它们。我们会因为钻石是在粪堆里扒出来的，就不珍视这钻石吗？

49

并没有哪一样乐器在这乐器自身的材料振动以后，不会给纯净的声音混杂和添加了某些别样的东西，因为纯净的声音只是由空气的振动而成，而通过乐器的材料的冲力，乐器的材料的振动首先产生了空气的振动，并造成了某些次要的附带噪音。每一乐音也就由此获得了它专门特有的东西，亦即例如，把小提琴的乐音与长笛的乐音区别开来的东西。这次要的添加音越少，那乐音就越纯净。因此，人的声音是最纯净的，因为人工的工具是无法与天然的工具相匹敌的。同样，没有什么智力是不会给认知中的本质和客观的东西另添加上某些别样的主观的东西，某些出自携带这一智力、构成这一智力的条件的人的东西，因而也就是某些个人的东西。那认知中的本质和客观的东西也就由此受到了污染。智力所受的这些影响如果是最少的，那就会达到最纯净的客观，也就变得至为完美。因此，这智力的产品就几乎只是包含和重现每一智力在事物当中所稳定领会到的东西，亦即纯粹客观的东西——这一点，恰恰就是为什么这样的智力产品会让每一个能够明白其意蕴的人感到满意的原因。所以，我曾说过，天才的特性就在于其客观性。但某一绝对客观的、因而是完全纯净的智力却是不可能的，一如某一绝对纯净的乐音也是不可能的：这样的乐音不可能是因为空气是不会自动振动起来的，而必须以某种方式被推动起来；纯净的智力不可能是因为智力不会为自己而存在，而只能作为某一意欲的工具而出现，或者（完全说真的）大脑也只能作为机体的一部分才成为可能。一个非理性的、盲目的意欲显现为机体，那就是每一智力的基础和根子。所以，每个人的智力都有缺陷和愚蠢、乖张的特质，而没有了这些东西，那也就不是人了。还有就是，"没有不带茎柄的莲花"。歌德也说了：

巴比伦塔还在那作祟，
他们无法连结！
每个人都有其怪想，
哥白尼也不例外。

造成认知不纯净的因素，除了主体的既定本质、个性以外，还有那些直接来自意欲及其暂时情绪的因素，因而也就是来自认知者的切身利益和七情六欲。要完整测量出在我们的认知中添加了多少主体的成分，那我们就要经常以两个有着不同心境和不同关注的人的眼睛察看同样的事情。既然这不大可行，那我们就只能观察在不同的时间、不同的心绪和不同的场合，那同一个人和对象物是如何向我们展现出很不一样的样子。

当然了，如果我们的智力可以自为地存在，亦即成为原初、原创和纯净的东西，而不是某一次级的能力，必然地根植于某一意欲——而由于这样的意欲基础，那智力的几乎所有的认知和判断都受到了某种污染——如果是这样的话，那就是极好的事情。这是因为假如不是这样，那这智力就是一个纯净的知识和真理的器官。但现在的情形却是，对我们有某些兴趣或利益掺杂其中的某一件事，我们是极少看得清楚明白的！这几乎是不可能的事情，因为要给出每一辩论和补充每一事实的时候，意欲就马上一道说话、发表意见，我们甚至无法分辨出哪个是意欲的声音和哪个才是智力的声音，因为这两者已合为一个"我"了。在我们要预测我们关心的某一事情的结局时，这点就表现得尤为清楚，因为在智力走出的每一步那种关心几乎都会歪曲事情，忽而作为恐惧，忽而作为希望。在此，要看得清楚几乎是不可能的，因为智力就像是一个火把——借助其光亮，我们才可以阅读，强劲的夜风在此时却把火把吹得忽闪忽闪的。正是由于这一点，在情绪亢奋的情况下，一个忠实和真诚的朋友是价值无比的，因为他置身事外，所以，会看清楚事情的真实样子；但在我们的审视下，情形却由于我们激情的欺骗而被歪曲了。要能够准确地判断所发生的事情，准确地预测将要发生的事情，那这些事情就必须与我们无关，亦即与我们没有任何的利害关系，因为除却这些，我们并不是不带偏见的，我们的智力会受到意欲的感染和污染而又对此并不曾留意。这一点，还有那些不完整或者受到歪曲的事实，解释了为何有头脑和见识的人在预言政治事务的结果时，有时候会是全错了。

至于艺术家、诗人和作家，造成其智力不纯净的主体因素也就是我们习惯所称的时代思想，而时至今日则名为"时代的意识"的东西，因此也就是某些时兴的观点和概念。粘上了这些流行东西的色彩的作家，就是让自己受到了那些东西的影响，但他们本来却应该无视和拒绝那些东西。在过了或短或长的年月以后，当那些观点完全消失不见了，他们出自那个时期的作品也就缺少了从当初时兴观点所获得的支持。那些作品也就经常显得如此无聊乏味，让人无法理解，起码跟旧的日历没有什么两样。也只有真正的文学家或者思想家是超越所有的那些影响。甚至席勒也看过《实践理性批判》，而这本书也对席勒产生了影响。但莎士比亚看的却只是这一世界。所以，我们在所有莎士比亚的剧作中，在他的英国历史的剧作中则尤其清楚地看到，那些剧中人物都是受自私自利或者恶毒的动因的驱动，例外是极少的，并且也不是太过刺眼。这是因为莎士比亚想要在文学艺术的镜子里表现人，而不是展现道德方面的漫画。所以，每个人在那些镜子里面认出的都是人，莎翁的著作在今天和以后永远都会活着。席勒的《唐·卡洛斯》的人物，则可以相当鲜明地分为白和黑、天使和魔鬼。这些在现在看来已经是古怪了，再过50年以后，又将是怎样的情形！

50

　　植物的生活就只是存在而已：据此，植物的乐趣也就是某种纯粹的和绝对主体的呆滞的舒适感。到了动物，认知增加了，但这认知仍然完全局限于动因，甚至是最近的和最直接的动因。因此，动物从其只是存在就可找到完全的满足，而这也足以充实其生活。所以，动物可以无事可做数小时而不会觉得不适和不耐烦，虽然它们不会思考，而只会观望。也只有到了最聪明的动物级别，例如犬和猴子才会有做事的需要，并因而会感觉到无聊。所以，它们喜欢玩耍，其消遣就是张着嘴巴注视着路过的行人。这样，它们也就与那些从窗口张嘴往外盯着行人的人同属一个类别：那些家伙到处都在盯着我们，但也只有在发现盯着我们的人是学生时，才会真的让我们动怒。

只有在人那里认知，亦即对其他事物的意识、与纯粹的自我意识相对应，才会达到较高的程度，并且由于理性的出现而提高至深思和反省。这样的结果就是人的一生除了只是存在以外，还有这样的认知作消遣，而这种认知在某种程度上就成了在人自身以外，在别的存在物和事物的第二存在。不过，在这些人那里，认知大部分也还是局限在动因方面，但也包括了遥远的动因。众多这样的动因集合起来，就成了所称的"有用的知识"。而这些人空闲、自由的认知力，亦即不用服务于一定目标的认知力，却通常只是发挥好奇和消遣的需要，但这空闲的认知力却是每个人都会有的，起码达到了这里所说的程度。与此同时，如果动因允许他们喘息，那他们就仅仅只是以存在填充其大部分的人生，这方面的证据就是那常见的张着嘴巴看人、看热闹，以及那种主要只是聚在一块却又要么是无话可说，要么是谈话内容极度贫乏和简陋的社交。确实，大部分人虽然并不曾清楚地意识到这一点，但在心底里却是把尽可能少思想地生活奉为至高的处世的格言和准则，因为思考对于他们就是一个负担和累赘。据此，他们也就只恰好做出其职业业务所一定需要的思考，然后就是同样只根据他们不同的消遣的需要，不管那是交谈还是游戏而开动脑筋，但这两者必须是尽量只用最少的思考就可进行。但假如在工余时间他们缺乏类似的交谈和游戏，那他们就会数小时地靠着窗口，张着嘴巴观望最琐细的、没有任何意义的事情，真正让我们看到阿里奥斯托的"无知者的无聊"的样子[1]，而不是去拿起一本书，因为这样的话，他们就要被迫思考了。[2]

---

[1] 参见《愤怒的奥兰多》，34，75。——译者注

[2] 常规的人害怕体力操劳，但更怕思想上的劳作，这也是为什么他们是那样的无知、那样的缺乏思想和那样的没有判断力。

平常人的智力都是狭隘的，亦即只受限在其持续、固定的点，意欲，以致这智力就像一个短的、因此是飞快走动的钟摆，或者就像一个带短的矢径的距角。这都是因为他们在事物那里真正看到的只是对他们有利的或者不利的东西，而对他们不利的他们看得则更清楚。这样，他们在处理事情的时候就是相当得心应手的。相比之下，具有天才智力的人就只看到事物本身，这就是他的能力所在。但这样一来，他对自己有利的和不利的认识就模糊了或被挤掉了。所以，平常的人在生活的道路上走得比他更灵活。我们可以把他们比作两个下棋的人：人们把他们置于一个陌生的屋子，在他们面前放上真正中国的、很有艺术技巧的、相当优美的棋子形象。其中一个就输了，因为他老是分心去观赏那些棋子的形象，而另一个则赢了，因为他对那些东西没有兴趣，看到的也就只是棋子而已。

绝大部分人的本质构成决定了他们除了对吃、喝与交媾以外，不会认真地对待其他事情。这些人会把那些少有的高贵之人带给这世界的一切，不管是宗教的还是科学的，或者艺术的，马上当做是工具加以利用，戴着这些面具，服务的是自己低下的目的。

只有在智力已经超出了所需的程度，认知才会或多或少成为目的本身。据此，如果在某一个人那里，智力放弃了其天然的职责，亦即放弃了为意欲服务，并因此不再去只是把握事物之间的关系，而是要纯粹客观地发挥，那就是一件全然反常的事情。但这恰恰就是艺术、文学和哲学的根源。所以，这些作品就是由当初并不是作此用途的器官所创造的。也就是说，智力从一开始就是从事繁重工作的佣工，被其要求诸多的主人——意欲——搞得从早忙到晚。但当这忙碌的苦役雇工在某一天，在空闲的时间自发自愿地完成了作品，没有别的什么目的，就只是自我满足和愉快，那这作品就是真正的艺术品；如果达到了某一高度，那的确就是一天才的作品。

把智力用于纯粹客观的方面，以其各个高级别构成了所有那些艺术、文学、哲学作品以及总体纯粹科学成就的基础。[1]在理解和学习这些作品和成就的时候，就已经是这样运用智力了；在对某一事情自由的，亦即不涉及个人利益的思考，也同样如此。的确，这样的智力运用甚至让谈话仅仅只是有了活力——假如那话题是纯粹客观的，亦即与利益，也就是与谈话者的意欲毫无关联。这样纯粹客观地运用智力，与涉及主体的，亦即个人的利益而运用智力——哪怕只是间接地——两者的关系就犹如跳舞与走路一样，因为纯粹

---

[1] 一个民族在优美艺术、文学和哲学方面拿得出来的著作，就是在这民族中曾有过的智力盈余的成功结果。

客观地运用智力就如跳舞一样是不带目的地使用多余的能力。相比之下，主体地运用智力当然是自然的，因为智力本来就是为服务意欲而产生的。但正因为这样，我们在智力用于主体性目的方面是与动物共通的：这样的智力就是急切需求的奴隶，有着我们的可怜特性的印记，在这方面我们就像是"被绑在土地上的农奴"。这一特性不仅出现在工作和个人活动中，而且也见之于所有关于个人的和普遍物质性事务的交谈，例如吃、喝和别的惬意的享受，然后就是职业和与此相关的东西以及各种各样的得益，甚至涉及社会和国家这样的共同实体（das gemeine Wesen）也是如此，因为共同的实体始终带着某一共同的核心（ein gemeines Wesen）。绝大部分的人当然是没有能力在其他别的方面应用其智力，因为他们的智力纯粹只是为其意欲服务的工具，完全投入到这种服务以后已无余力。正是这一点造成了他们如此的干巴乏味，就像动物一般的严肃，没有能力进行任何客观性的交谈。在他们的脸上，也可看到智力与意欲是紧密相连的。我们经常碰到的那种很让人沮丧的狭隘和局限的表现，恰好标示了那种人的认知只局限于他们意欲的事情。我们可看到他们所拥有的智力，也就是他们的意欲为达到其目标所恰好需要的，此外就再没有多余的了。他们的相貌是那样的俗气，原因就在这里。[1]据此，一旦意欲不再驱使他们，他们的智

---

[1] 参见《作为意欲和表象的世界》，第 2 卷，第 380 页；第 3 版，第 433 页。

力就陷入停滞状态。他们不会对任何事情怀有客观的兴趣。对任何与他们本人没有关联，或者没有起码是某一可能的关联的事情，他们不会留意，也更不会仔细思考；没有什么东西会赢得他们的兴趣。某一戏谑或者机智的玩笑从来不会明显激发起他们，更准确地说，他们是讨厌一切哪怕只是需要他们稍稍思考一下的东西。只有那些粗糙的玩笑和调侃才会让他们笑一下，除此之外，他们就是表情严肃的畜牲。所有这一切，只是因为他们只能产生与主体有关的兴趣。这就是为什么适合他们的消遣就是打牌，确切地说，是为了赢钱的打牌，因为这不像戏剧、音乐交谈等留在知识的范围内，而是把意欲本身活动起来，而意欲则是首要的和无处不在的。此外，他们从初次的呼吸到最后的咽气都是生意人，是天生的生活中的苦力和脚夫。他们享受的乐趣都是感官方面的，对于其他乐趣没有丝毫的感应。只有在做买卖和交易的时候，才好与他们说话，否则就不要理睬他们。与他们的交往会让人降格，的确会把自己变得低俗起来。他们的谈吐就是乔尔丹诺·布鲁诺（在《灰土的灰土》结尾处）形容的"平庸、低级、粗野和没有尊严的交谈"，是他自己发誓要绝对避免的。相比之下，两个有能力只是以某种方式纯粹客观地运用其智力的人，在相互的交谈中，就算那素材是轻松的，并且只是流于戏谑，但仍然已经是自由地发挥其思想力了。与前者相比，这后一种交谈就像舞蹈与走路相比。这样的谈话事实上就像是两个或者三个人相互之间的舞蹈，而前者则像是并排或者一前一后地行进，为的是要抵达目的地。

因此，这种始终是与能力连结在一起的、自由地和因此是反常地运用智力的倾向，在天才那里达到了这样的程度，以致认知成了主要的事情，成了全部生活的目标，自身的存在则成了次要的事情，沦为手段而已。据此，总体来说，天才通过对其余世界的认知和把握，更多地生活在这其余的世界，而不是生活在自身之中。他那异常提高了的认知能力让其失去了以只是存在及其目标来打发时间的可能性。他的头脑精神需要不断的和有强度的工作。因此，他在日常生活的宽阔场景并没有那种冷静、沉着，也不会惬意地融进这种生活中去，正如平常人都能做到的那样——平常人甚至可以把纯粹是仪式的和走过场的东西也做得真正有声有色。据此，要过平常的实际生活，那天才的智力可是糟糕的配置，并且如同每一反常的东西一样都成了阻碍，因为正常的头脑智力才与平常的生活相匹配。这是因为智力得到了这样的提升以后，对外在世界的理解就会达到如此高度的客观清晰性，并提供了远多于为意欲服务所需的东西，以致太多太丰富的东西完全妨碍了对意欲的服务，因为就其自身思考这些既有现象，始终会转移对这些现象与个人意欲的关系及对这些各个现象相互之间的关系的考察，并因此扰乱和妨碍了对这些关系的静心把握。其实，要为意欲服务的话，对事物有一相当肤浅的研究就足够了。这表皮的研究只需提供这些事物与我们当时的目标的关系，以及与我们的目标连在一起的又是什么，所以，所认识的不过只是关系而已，而对其他一切则尽可能地视而不见。这样的认识会因为对事物本质的客观和全面地把握而受到削弱和扰乱。在此，拉克唐修的话得到了证实："庸众很多时候会更有理解力，因为他们只有所需要的理解力。"（《神圣原理》，第3卷，第5章）

所以，天才完全是与实际行动的能力相对抗的，尤其是在实际事务的最高活动场所，在世界政治活动中。这恰恰是因为高度完美和细腻敏感的智力会有损意欲的能量，而这些东西表现为勇敢和坚定时，如果只是配备了干练和直截了当的理解力、准确的判断力和点点的机敏与狡猾，那这些正正就是造就政治家、将军的材料；如果这意欲的能量达到了大胆放肆和固执死板的程度，那在有利的情况和条件下，也会造就一个世界历史的人物。但就诸如此类的人而言，谈论天才则是可笑的。同样，拥有少许程度的思想优势，例如精明、狡猾和某些确定的但却是单一方面的才能，就会让具备这些才能的人在这世上吃得开，轻易就可奠定个人的幸福，尤其是除了这样的才能，还附加了无耻（一如上面说的大胆、放肆）。这是因为智力处于这些低层级的优势，仍会始终忠于其天然的职责而为自身的意欲服务，只不过是更精确和更容易地完成其工作而已。但在天才那里，智力却是摆脱了其天然的职责。所以，天才对一个人的运气肯定是不利的。这就是为什么歌德会让塔索说出这样的话：

月桂花冠，无论你在哪里看到，
都标志着痛苦更甚于好运。

因此，天才虽然对具有此天才的人是某一直接的收益，但不会间接地得益。

50（补充）

我们在动物那里可清楚地看出，动物的智力就只是为意欲服务而活动起来，而绝大多数人在这方面，一般来说也没有很大的不同。的确，在许多人那里，也可看出他们的智力从来不会为了其他目的而活跃起来，而是始终只指向生活中的渺小目标和很多时候为了实现这些目标都要采用低下的和有失体面的手段。如果一个人有了超出为意欲服务所需的多余智力，然后，这多余的智力自动自发地投入到自由的、并非由意欲刺激起来的、也与意欲的目的无关的活动中去，而这智力活动的结果将是纯粹客观地理解这世界和事物——那这样的人就是天才。他的脸上也会有着天才的印记。那些拥有超出所说的必需份额的智力的人也已经有了这样的印记，虽然这印记没有那么鲜明而已。

地位、阶层、出身的差别，都不如数百万人与极少数、极稀有的一些人之间的鸿沟那样巨大：前者把头脑只是视为和应用于肚子的奴仆，亦即头脑只是为达到意欲目标的一个工具；后者则勇敢地说道：不，头脑不能只是服务于这些目标，头脑应该只是为了自己的目标而忙碌起来，亦即要去把握这世界奇妙的和五光十色的景观，以便在这之后以这样或者那样的方式重现出来，这可以是图画，也可以是对这景观的解释，根据那具备此头脑的个人的特性而定。这些是真正高贵的人，是这世界的真正贵族。其他的人则是农奴，"被绑在土地上的农奴"。当然，在此仅仅指的是这样的人：不仅具有勇气，而且还有着使命和权力要让头脑摆脱为意欲服务，以致所做出的牺牲得到了酬报。至于其他的，在其身上所有这些都只是部分存在的人，上述鸿沟并不是那么巨大，但鲜明的分界线却是始终存在的，就算是与那拥有一点点、但却是明确的才能的人，也是如此。

测量智力等级最精确的尺度，可以是人们在面对事物时，在多大程度上只是去把握个体事物，抑或多多少少地去把握事物的普遍性。动物只认识单个的事物，因而是完全局限于理解个体事物。但每一个人都可以把个体之物总结为概念，人的理性运用正在于此；这些概念越是普遍，那他的智力就越高。当对普遍性东西的把握深入到直观认识，不仅仅只是概念，而且连直观到的东西也直接理解为普遍性的东西，那就产生了对（柏拉图式的）观念的认识：那种认知是审美的；如果是自动自发的话，那就是天才的一类，而如果是在哲学方面，则达到了最高一级，因为到那时候，那整个生命、存在物及其匆匆而过的特性，那世界及其存在，就以被直观把握了的真正本质显现了出来；以此方式作为沉思的对象物加之于人的意识。那是最高级的静思细想。所以，在这种认知和只是动物的认知之间有着无数的等级，其中可以透过那越发具有普遍性的认识而区分开来。

　　对有能力有保留地理解事情的人来说，天才与正常人的关系或许可以下面的方式最清楚地表达出来。一个天才，就是一个有着双重智力的人：一重是为自己而服务于他的意欲；另一重则是为了这一世界，而他也就成了这一世界的一面镜子，因为他纯粹客观地理解了这一世界。这一理解的总和或精华，经技术性发挥和完善以后，就会重现在艺术、文学或者哲学作品中。相比之下，正常的人却只有第一重智力，我们可以称为主体（主观）性的，而天才的智力则可称为客体（客观）性的。虽然这主体性的智力，在锐利和完美方面可以各有至为不同的程度，但这一类智力与天才的双重智力有着某一明确的层级之分，大概就像胸腔的声音，哪怕那是很了不起的高音，但与（音乐中的）假声相比，仍始终有着本质上的不同。正如长笛的两个上八度音和小提琴的芦笛音，这些是两部分空气震颤柱的联合，而这两部分本是由某一振动波节所分开的；而在胸腔音和长笛的下八度音，只有那整个和不曾分开的空气柱在震颤。所以，由此可以让我们明白天才的专有特性，而这特性就明显地印在那些著作，甚至印在具有如此天才的人的面相上。同样清楚的是，这样的双重智力通常对为意欲服务造成了妨碍，这就解释了上面提到的天才应付实际生活的笨拙能力。天才尤其缺少务实性，而这却是平庸、简单智力的特点，不管其是敏锐还是呆滞。

52

正如脑髓就是寄生物，全靠机体的供养而不会给内在机体直接带来贡献，因为在上面它那坚固的、有着良好保护的居所里，脑髓过着独立、自主的生活，同样，具有高级思想禀赋的人在过着与众人一样的个体生活以外，还过着另一种纯粹智力性的生活。这样一种智力生活不仅只是在知识、学问上持续增加、丰富和调校正确，而且还由整套的名副其实的真知、灼见所组成。这种生活不受个人命运、际遇的影响——只要其追求和努力根本不受其扰乱。所以，这种生活会提升这个人超越那变幻、波折的命运。这种生活就是持续的思考、学习、试验和实践，并逐渐以此为主，而个人的生活则退而成为只是手段，而不是目的。歌德就给出了这种独立和分离的智力生活的一个例子。在香槟战争嘈杂和骚乱的战地，歌德为其颜色学说而观察各种现象；并且在那无尽不幸的战争中，在卢森堡要塞驻守的歌德只要获得片刻的休整，就会马上拿起他的"颜色学说"本子。歌德也就为我们这些土地的盐巴留下了应该仿效的榜样，即我们无论何时都要不受打扰地专注于我们的智力生活，哪怕个人的生活在这世上饱受动荡和波折；要永远记住：我们可不是仆人的儿子，而是自由的人。作为我们的徽章和家族纹章，我的建议是一棵在风暴中被吹得剧烈摇摆的树，但与此同时，这树却仍然是大红硕果挂满枝头。另附上这样的题词："在我受尽风吹雨打之时，果实成熟了"，或者"狂风吹拔，但仍硕果累累"。

与个人的纯粹智力生活相对应的整个人类的生活，其现实的生活也同样在于意欲，无论就其经验的含义还是就其超验的含义而言，都是如此。人类这一纯粹智力的生活就在于人类通过科学在认知上的不断进步，就在于艺术的尽善尽美，而这两者历经世世代代缓慢地进展，每一代过客也做出了他们的贡献。这种智力生活就像是某种超凡脱俗的东西，某种美妙的芬芳，从那忙碌的世俗事务，从那真正现实的和受着意欲指引的大众生活中酝酿出来的，现在就漂浮在这些东西的上空。与那世界历史一道，哲学、科学和艺术的历史纯真无邪地、不带血腥地走着自己的路。

53

天才与常人的区别，如果算是程度上的差别，当然就只是数量上的；但当我们考虑到常人的头脑尽管有个人的差别，但他们的思维却有某种共同的方向；由于这共同的思维方向，所以，在相似的情况下，他们的所有想法会立刻走上同一条路径和陷入相同的轨迹；所以，常人那并不以真理为依据的判断经常是一致的，以致他们的某些基本观点是在任何时候都始终坚持的，一再地被人重复和重新提出来，而每个时代的伟大思想者则或公开或私下里抵制这些东西——当我们考虑到所有这些，那我们就会倾向于认为天才与常人的区别是质量上的。

54

天才的意思就是在这天才的头脑中，世界作为表象达到了更清晰明亮的一级，更清晰地显现出来；又因为并不是细心观察单个、零星的东西就会为我们带来最重要的和最深刻的认识，而只有对整体的把握强度才可以做到这一点，所以，人类也只能期待这样的天才给予最伟大的教导。如果这天才得到培养和完善，那他就会以这一形式或者那一形式给予他的教诲。因此，人们也可以把天才定义为对事物有着特别清晰的意识，并因此也对事物的对立面，亦即对自己本身有着特别清晰的意识。所以，人类仰视具有如此天赋的人，希望得到关于事物及他们自身的启示。[1]

与此同时，这个人就如同其他人一样，首先是为了自己而如此存在，这是关键的、不可避免的和无法改变的。而他

---

[1] 经由极为罕有的多个机缘巧合，不时地，例如，在一个世纪中会诞生出一个智力明显超常的人，而智力则是次要的，亦即在与意欲的关系中是附属的素质。在他被人们认识和获得承认之前，有可能经过一段很长的时间，因为阻挠人们认识这天才的是愚笨，阻挠人们承认这天才的是嫉妒。但一旦他真的得到了认识和承认，人们就会团团围住这天才及其著作，希望从他那发出的点点光亮能够穿进他们存在的黑暗之处，能够说明和解释他们的存在——也就是在某种程度上是来自某一（不管其仍是那么的渺小）更高一级神灵的开示。

对他人而言是什么，则是次要的，听随偶然。无论如何，人们从这个天才那里所接受的不过就是透过双方所做出的努力而获得的某种反射，以人们自己的头脑去思维这天才的思想，仅此而已。但在人们的头脑里，天才的思想始终就是异国的花卉，终究会萎缩和弱化。

55

要获得独创的、不平凡的，或许甚至是不朽的思想，那我们只需要完全疏离世事一些片刻的时间；这样，那些最日常普通的事物就会显现其全新的、不为我们所知的样子，这些事物就以此方式向我们透露了真正的本质。但是，在此所需的条件根本不是困难与否，而是压根儿就不是我们所能掌控的，正因此这也是天才管控的事情。[1]

56

天才与其他人相比，就犹如红宝石与其他宝石相比：红宝石会发出自己的光，而其他宝石则只会反射所接收到的光线。我们也可以说：天才与其他人的区别，就犹如特殊的带电体与只是导电体的区别。所以，天才并不适合那些纯粹的

---

[1] 单靠自身的话，天才的头脑无法产生原初的思想，一如女人单靠自身无法生出小孩；外在的环境动因必须作为父亲一样地到来，好让天才结出果实和分娩。

学者：他们只是把学来的东西再教导给别人而已。正如特殊的带电体并不是导电体一样。更准确地说，天才之于纯粹只是博学，就犹如正文之于注解。一个博学者是一个学了很多知识的人，一个天才则是人们要从他那里学习他的并非从任何人那里学来的东西。所以，伟大的思想家——这可是一亿人当中也没有一个——就是人类的灯塔；没有了这些灯塔，人类就会迷失在无边无际的、至为可怕的错误和野蛮的大海之中。

但是，只是一般的学者，例如大概哥廷根大学平庸的教授一类，看待天才就跟我们看待兔子差不多：只有当兔子死了以后才可被烹调和享用；所以，在其眼里，只要天才还活着，就必须射杀掉。

57

谁要想得到同时代人的感激，就必须与同时代人的步子保持一致。但这样的话，任何伟大的东西就无从产生。因此，谁要打算成就一些伟大的东西，就必须把目光投向后世，坚定信念为后世完成自己的作品。当然，他有可能在同时代人中间默默无闻，就好比是被迫在孤岛上度过一生的人：他勤勉地在这孤岛上建起一座丰碑，以便把自己存在的信息传达给将来的航海者。如果这种命运对他来说似乎太过残酷，那他就必须这样安慰自己：那些平常普通、纯粹实际的人也经常遭受了相似的命运，他们也无法期待得到对自己劳动的补偿。也就是说，那些平常、实际的人，如果处境有幸允许的话，就会在物质的道路上忙于生产，会日复一日，孜孜不倦地赚钱、买卖、建造房屋、耕种土地、投入资本、创立公司、经营部署。在这个过程中，他们误以为是为了自己而工作，但到头来，后人却坐享其成——这些后人甚至经常不是他们自己的后人。所以，这种人也照样可以说出"前人种树，后人乘凉"的话；他们的工作就是他们的报酬。因此，这些人相比思想的天才也好不到哪里去。思想的天才当然也希望可以获得报酬，起码能够得到荣耀，但到头来，他们只是为了后代做出了一切。当然，这两种人其实也从前人那里继承了许多。

但上述所获得的补偿——在这方面天才是占优的——关键就在于他自己是个什么样的人，而不是对其他人而言他是个什么样的人。确实，又有谁比这种人生活得更真实呢？这种人生活过的某些瞬间，仅仅只是回响就透过千百年的混乱和噪声仍可清晰地听到。对天才这种人物而言，最明智的做法或许就是：为了不受打扰地成为自己，那么，只要他还活着，他就要让自己满足于享受自己的思想和作品，这个世界则只是他所指定的他这样的丰富存在的继承者；至于他的存在所留下的印痕，则犹如化石足迹一样，只有在他本人死后方才传到世人的手中（参见拜伦的《但丁的预言》第4篇开首）。

除此之外，天才优于其他人的地方并不局限于他发挥其至高能力的方面，而是就像一个有着异于常人的良好骨架、动作敏捷利索的人：不仅能够格外轻便、灵活地完成身体的动作，而且在这过程中愉快、惬意，因为他在施展自己的天赋中得到了直接的快乐，他也因此经常漫无目的地发挥这些本领。再者，正如这一身体灵活的人不仅在跳绳或者跳舞的时候，能够做出一般人无法做出的跳跃动作，就算是完成其他人也会的较为简单的舞步，甚至走路的姿势动作，也无一例外地显露出少有的弹性和灵巧；同样，有着真正高人一筹头脑的人不仅产生出和创作出其他人无法给出的思想和作品，并不只是唯一在这些方面表现其伟大，而且还能够随时以认知和思考为乐，因为对他们来说，认知和思考活动本身就是一件轻松、自然的事情；所以，较为简单的、在其他人能力范围之内的事情，他们也能更轻松、快捷、准确地把握。因此，他们能够为获得了知识、解决了难题、为每一含义深长的思想——不管这些是出自自己抑或出自别人——而得到直接和强烈的快乐。这就是为什么他们的头脑思想在没有什么其他目的的情况下也同样持续活泼，并因此成了永不枯竭的乐趣之源，以致无聊无法靠近他们，而无聊却是每时每刻都在折磨常人的恶魔。另外，过去或者同时代的伟大思想者所写下的巨作，对他们来说才算是真正存在了。具有常规的，亦即糟糕的智力的人面对推荐给他们的这些伟大思想的作品，大概就犹如痛风症患者到了舞场，虽然后者到场是出于习俗和礼貌，前者阅读那些思想巨作却是不甘人后。拉布吕耶尔说得很对："所有的精神思想对没有精神思想的人来说都是无能为力的。"再者，聪明头脑或者思想天才的想法与平庸之人在某些方面的想法，就算在根本上是相同的，但两者之比犹如色彩鲜艳、生动的油画与轮廓草图或者颜色淡弱的水彩画相比。所以，所有这些就属于天才所获得的报酬，是给那些孤独存在于这个与他们不同、也不相称的世界的思想天才的补偿。也就是说，因为一切伟大都是相对而言的，所以，我到底是说该乌斯是伟大的，抑或说该乌斯不得不生活在可怜、渺小的人群当中，其实是一样的，因为小人国与大人国之别全在于不同的审视角度。所以，一个创作了不朽巨著的人在无尽的后世人看来是多么的伟大，多么的值得赞叹，多么的意趣无穷，那在这一作者活着的时候，世人在他眼中也就必然是多么的渺小、多么的可怜和多么的乏味。我曾说过的这一句话就表达了这些意思：从塔基到塔顶有 300 英尺的话，那从塔顶到塔基当然也就恰好是 300 英尺。[1]

据此，如果我们发现思想的天才通常不喜与人交际，间或不招人喜欢，让人反感，那是不足为奇的，这不是因为这类人不喜交往，而是因为他们在这世上的生活方式就跟在晨曦初开的美丽时分散步的人差不多：他兴致勃勃地欣赏着新鲜、壮丽的大自然，但他也就只能以此为乐，因为他找不到可交谈的人——除了顶多一两个在田里弯腰劳作的农人。因此，伟大的思想者经常更宁愿自我独白，而不是与世俗之人对话。偶尔当他勉强与这样的人对话时，空洞的谈话又会使他重回自我独白中去，因为他忘记了他的对话者，或者他起码并不在乎对方是否明白自己，他对其说话就像小孩对着玩

---

[1] 伟大的思想者对思想贫乏者正因此会有着些许的宽容，因为他们正是由于这些人的思想贫乏才成为了伟大的思想者，因为一切都是相对的。

具娃娃说话一样。

谦虚的伟大思想家肯定会让人们喜欢，但遗憾的是，这不过就是自相矛盾的说法。也就是说，这样的伟大思想家必须优先考虑和珍视他人的想法、意见和观点，以及他人的方式、方法，并且这些人可是数目极为庞大。而自己与众人相当不一样的思想则要屈居其后，自己的思想必须隶属于和适应于众人的看法，甚至要完全压制自己的思想，以便让众人的看法成为主宰。但这样的话，伟大的思想家就不会有所成就，或者只能成就其他人也能成就的东西。其实，他要创作出伟大的、地道的和不同寻常的东西，就必须无视其同时代人的方式、思想和观点，不受影响地创作他们所批评的，鄙视他们所赞扬的。没有这种傲慢，那也就没有了伟大的人。万一他的一生和所发挥的作用是在一个并不认识和欣赏他的价值的时代，那他仍然就是他自己，就像一个高雅的旅行者，现在得在一个寒酸的小客店度过一个晚上，第二天他就巴不得继续上路了。

不管怎样，如果一个思想家或者文学家能够只是被允许在一边的角落不受干扰地思考和创作，那他就对他所处的这个时代满意了；而如果能给予他一个角落，可以思考和创作，而又不需理会其他人，那就是他走好运了。

这是因为大脑只为肚子服务，当然就是几乎所有不以手工为生的人的共同命运，他们也很适应这样的情形。但对于具有伟大头脑的人，亦即对于具有超出为意欲服务所需份额的头脑能力的人，大脑只为肚子服务却是让人绝望的事情。

所以，如果是迫不得已，这个人宁愿生活在至为受限的状况——只要让他自由运用自己的时间，以发展和应用自己的能力，亦即让他有那价值无比的闲暇。但其他人的情形当然就不一样了，他们的闲暇没有客观的价值，闲暇对于他们甚至不是没有危险的。他们似乎也感觉到了这一点。这是因为我们这时代的技术所得到的史无前例的提升，大大增多了奢侈品，让命运的宠儿可以选择要么是更多的闲暇和精神思想的熏陶，要么是更奢侈、更舒适的生活和更努力的工作。常人一般都会典型地选择后者，宁愿香槟更甚于闲暇。这也是连贯如一的，因为对于常人，如果不是为了意欲的目标而开动脑筋，就是愚蠢的事情，喜欢这样做就会被称为古怪、离心（Exzentrizität）。据此，坚持追随意欲和肚子的目标，则是同心（Konzentrizität）。意欲当然是这世界的中心点，并的确就是其内核。

但总的来说，两者择一并不是常见的情形。这是因为正如大多数人一方面并没有多余的钱，而是微薄、将就着过日子，另一方面也同样没有多余的智力。他们的智力刚好足以应付为意欲服务，亦即足以完成养家糊口的工作。这工作完成了以后，他们就很高兴地张着嘴巴盯着人看，或者就享受感官上的乐趣，以及小孩子气的游戏、打牌、掷骰子；或者也相互间进行至为乏味的交谈；又或者穿戴、装饰一番，然后一个个鞠躬致意。稍稍有些智力盈余的人已经是极少数了。正如有一点点多余的钱的人会去作乐，同样，这些有多余智力的人也会去寻找智力上的快乐。他们会做些没有什么物质进账的人文学习和研究，或者从事某一门艺术，并且已经是有能力产生出某些客观兴趣。因此，我们可以不妨与之交谈一下。但至于其他人，我们还是不要与之交往为妙，因为除了某些例外，例如，他们讲述自己有过的经验，讲些他们的专业的某些事情，或者至少提供些从他人那学来的某些东西——除了这些以外，他们所说的话都不值得去听，我们对他们说的话，他们也甚少正确地理解和把握，这些话也大多与他们的观点相左。所以，巴尔塔扎尔·格拉西安很确切地形容他们为"不是人的人"，乔尔丹诺·布鲁诺（《论原因，第1篇对话》，瓦格纳编，第1卷，第224页）的这句话也说出了同样的意思：

> 我们与之打交道的是人，抑或只是根据人的外表和样子而制造出来的东西——两者的差别是多么的巨大啊！

这话与提鲁瓦鲁瓦的《圣诗》中所说的达到奇妙的一致："常人看上去似乎是人，但我可从来不曾见过人一样的东西。"（参见提鲁瓦鲁瓦，《圣诗》，格鲁尔译，第140页）[1]

---

[1] 考虑到尽管地方和时间彼此分隔遥远，但想法甚至语言表达却是那样的高度一致，那我们就不会怀疑：这些思想和表达都是出自同样的客体。所以，在大概20年前，我就想着要人做一个鼻烟盒：在盖子上尽可能用镶嵌的方式镶上两个美丽的大栗子，但附带着的一片叶子却暴露出那是七叶树果。那时候，我肯定没有受到这些话的影响（因为其中一段话还不曾印刷出来，而另一段话则自12年以来就不曾在我手里）。这一象征每次都能让我具体地想象出上述的思想。

对有需要得到愉快的消遣和赶走独处的孤寂的人，我建议养狗；我们几乎总能从狗的道德和智力素质中体会到欢乐和满足。

但是，我们应该时时处处避免有失公正。我的爱犬经常就以它的聪明，有时又以它的愚蠢使我吃惊，而人类给我的感觉与此没有两样。智力不足、完全没有判断力、充满兽性的人类无数次让我感到厌恶，我也不得不同意古人的哀叹：

愚蠢的确就是人类的母亲、保姆。

不过，在其他时候，我又对此感到惊讶：在这样的人类中，各种各样有用的和优美的艺术和科学——虽然始终出自个人，是某种例外——却能够形成、扎根、保存和完善；人类忠实地和持久地保存着伟大的思想家的著作，历经两三千年的时间，把荷马、柏拉图、贺拉斯等人的作品抄录下来，小心保管，使其得以经历人类历史的祸害、暴行而免遭毁灭——人类以此证明了他们认出了这些作品的价值；同样，我惊讶于在其他方面都属于大众的某些人所做出的专门的、个别的成就，以及不时就像灵感一样展现出来的思想或者判断力的素质；甚至大众也不时让我感到惊奇，那就是正如通常所发生的那样，只要其合唱是巨大、完整的，他们就能非常准确地判断，就好比是不曾经过训练的声音在一起唱和，只要人多势众，就会得出和谐的效果。那些超越大众、被我们称为天才的人物，只是整个人类的"清澈、健全的时候"。所以，这些人能够取得其他人绝对无法取得的成就。与此相应，这些人的独创性是如此巨大，不仅他们与大众的差别让人一目了然，这些天才人物之间的个性差别也同样的突出分明，以致两个天才人物之间可以在性格和精神思想方面截然不同。因此，每一个天才都透过自己的作品奉献给这一世界一件不可能从另外别处获得的礼物。所以，阿里奥斯托的比喻极其准确，成了著名的比喻也就是理所当然的："大自然塑造了他，然后打碎了模子。"

58

由于人的能力有限，每一个伟大的思想者之所以称得上是这样的人，其前提条件就是这个人有明显薄弱的一面——甚至在智力方面。也就是说，这个人的某种能力有时候甚至逊色于头脑平庸的人。这方面能力的欠缺会妨碍他发挥其突出的能力，但就具体某一个人而言，用一个字词对此加以描述也总是困难的。这更适宜以间接的方式表达，例如，柏拉图的弱点正好就是亚里士多德的长项，反之亦然。康德的弱项正好就是歌德的伟大之处，反之亦然。

59

人们也很乐意崇拜某样东西，只不过他们的崇拜大多数时候都选错了门口，而这要等到后世才纠正过来。在这之后，这种原先是由有文化修养的群体给予天才人物的尊崇慢慢就会变质，一如那些信众对圣人的尊崇相当容易地变质为对其遗骨遗物可笑、幼稚的顶礼膜拜。正如成千上万的基督徒会崇拜一个圣者的遗物，但对这个圣者的生平和教导却不甚了了；也正如许许多多佛教徒的宗教仪式，更讲究的是对佛牙（《东方的君主制度》，第224页）、佛骨[1]和盛放佛骨的佛塔、僧钵、化石足印，或者佛陀栽种的圣树等一跪三叩，而不是透彻了解和忠实实践佛陀崇高的教诲，同样，许多人大张着嘴巴、心生敬畏地打量着、凝视着彼特拉克在阿尔瓜的住处，据说曾经在费拉拉囚禁塔索的监狱，莎士比亚在斯特拉福特镇的居所和里面莎翁坐过的椅子，歌德在魏玛的房子和家具，康德戴过的旧帽子，以及上述这些人的手稿，但这些人却从来不曾读过上述名人的著作。除了张开嘴巴呆看以外，他们无法做出别样的事情。比他们要聪明的人则私下里渴望一睹伟大的思想者曾经经常看到的东西。由于一种奇怪幻觉的作用，这些人错误地以为这样就能把这一客体引回主体，或者在这一客体肯定留下了某些属于这一主体的东西。与他们相似的还有这些人：他们不遗余力考察文学作品的素材，例如，浮士德的故事传说及其文学作品，然后就是引发作家创作作品的作家本人生活中真实的个人境遇和事件。他们对这些来龙去脉一究到底，这些人就好比看见剧

---

[1] 参见托马斯·哈代著《东方的修道生活》，伦敦，1850，第224、216页；《佛教指南》，伦敦，1853，第351页。

院一幅美丽画景以后，就匆匆忙忙登上舞台，认真仔细地检查支撑这一画景的木制架子。属于这种情形的例子在当今不胜枚举，那些专家刁钻地考察浮士德其人及其传说、泽森海姆是否真有弗里德里克其人、格里岑其人是否真的住在魏斯阿德勒小巷、绿蒂·维特的家人的情况是否属实，等等。这些例子证明了这一真理：人们感兴趣的并不是那形式，亦即对素材的处理和表现，而是更着眼于素材。但那些不是去研究一个哲学家的思想，而是对了解哲学家的生平历史感兴趣的人，就好比对油画作品不感兴趣，但却好奇于油画框及其雕工，以及镀金所需的费用。

到此为止，所有这一切都还好。但还另有一类人，他们的兴趣同样是投向物质和个人的一面，但在这一条道上他们走得更远，甚至达到了毫无价值、完全是无耻的地步。也就是说，因为一个伟大的思想者把自己最内在的宝藏敞开给人们，并且经由这位思想者最大努力地发挥其能力，创作了提升和启蒙人们及其十至二十代后世子孙的作品——因此，也就是因为这个人送给了人类绝无仅有的一大厚礼，所以，这些坏小子就理直气壮地坐到了判官席上，拉开架势要审判这一思想者的道德。他们要看看能否找出这个人身上的某些污点和瑕疵，以缓解由自惭形秽所带来的苦痛。所以就有了，例如，从道德角度对歌德的生活所做的各种细致调查——这方面的书籍和杂志可谓汗牛充栋。调查、讨论的问题就是歌德是否应该和必须与他在青年时代曾经恋爱过的这一姑娘或者那一女子结婚；或者歌德是否不应老实、正直地为其君主效力，而应该成为服务大众的人，一个配享保罗教堂一席之地的德国爱国主义者，等等。人们这些忘恩负义的聒噪和恶意贬损的企图，证明了这些不具有资格的判官不仅在智力上，而且在道德上也同样是些无赖和混混——这已经表达了很多的意思。

60

具备一定才华的人为了金钱和名声而工作；相比之下，要说出驱使天才精心创作作品的推动力，却不是那么容易的一件事。天才甚少因创作出了作品而得到了金钱。名声也不是那推动力，只有法国人才会想到是名声在起推动作用。名声实在是太靠不住了，并且只需稍为仔细思考一下就会发现，名声的价值太微不足道了：

> 你配得到的名声永远不会与你的作品相称。
>
> ——贺拉斯：《讽刺诗》，2，8，66

同样，也不完全是为了自己感觉到轻松愉快，因为这种愉快与所付出的极其艰辛的劳动并不相称。其实，这是由于一种奇特的本能，天才的个人就受到驱使把自己的所见、所感在其传世的作品中表达了出来，而在这个过程中，他并没有意识到别的其他动机。大致上，这种情形就与果树结出果子一样，都是出于同样的必然性；后者从外在那除了只需要一块赖以成长的土地，别无其他。深入思考一下，似乎就是：生存意欲作为人类种属的精灵，这个人意识到：由于很罕有的机缘巧合，在很短的一段时间里，智力在此达到了更高一级的清晰度；现在，生存意欲就力求为与这个人具有同一本质的整个种属，起码获得这一个体智力清晰观察和思考的结果或者产物，以便让从这一个体发出的光亮，在以后的时间穿透常人黑暗和呆滞的意识，并使这些人受惠。由此产生了那种驱使天才行动起来的本能，并让天才不计报酬、无视别人的赞许或者同情，而宁愿忽略自己本身的安逸、孤独、勤勉、刻苦地尽最大努力完成其作品。在这期间，他更多的是为后世考虑，而不在乎自己的时代，后者只会把他引入歧途而已。这是因为延绵的后世占了人类种属的更大部分，也因为随着时间的流逝，寥寥无几的具有判断力的人会零星地、单独地出现。与此同时，这样的天才通常就像歌德的诗歌中哀叹不已的艺术家：

> 既没有欣赏我的朋友，
> 也没有珍视我的才华的王侯
> 我遗憾都没有这两者。
> 到我清修之地的也只是麻木的施主
> 我默默地勤勉，饱受痛苦，
> 没有识者，也没有门徒。

——《歌颂艺术家》

天才的目标就是完成自己的作品，把它们作为神圣之物和自己生存的真正成果变成人类的财富，将其交付给更具有判断力的后代子孙。所有其他的目标都得为此目标让路。为此目的，他戴上荆棘冠，而在将来的一天，这一荆棘冠就会抽芽发叶而成月桂花环。天才一意孤行、专心致志地完成自己和稳妥安置自己的作品，一如那些关注其卵子、为将来的幼虫准备好食物的昆虫——它们时日无多了，其后代是它们永远无缘相见的。这些昆虫把卵子产在它们确切地知道幼虫将来可以找到生命和食物的地方，然后才心安理得地死去。

素质的遗传

透过生殖，在父母那里结合而成的种子不仅把种属的素质传给了后代，而且也传播了个体的素质——这是日常最普通的经验教给我们的道理，涉及的是身体的（客体的、外在的）素质；这也是自古以来人们都承认的东西：

每个人都遵循着自然赋予他的天性。

——卡图卢斯

至于这是否同样适用于精神的（主体的、内在的）素质，以致也从父母那里遗传给孩子，则是一个已经常常被人提起、也得到了几乎普遍的肯定回答的问题。但在此，要分清哪些素质属于父亲，哪些素质属于母亲，亦即我们从父亲和母亲那里各自遗传到哪些精神思想素质，则是难度更大的问题。假如我们就用我们的基本知识来说清楚这一问题，即意欲就是人的自在本质、内核、根本的成分，而智力则是这些实体次要的、偶然的部分，那在探询经验之前，我们就可以设想这起码是很有可能的：在生殖中，父亲，作为第一性和生殖的本原，给出了新生命的基础、根本性成分，亦即给出了意欲；但母亲，作为第二性和只是受孕的本原，是新生命的次要成分，是智力；因此，人的道德性的东西、他的性格、他的倾向、他的心遗传自他的父亲，而他的智力的程度、智力的性质和方向则遗传自他的母亲。这一假定现在经验中的确得到了证实，只不过这事情并不是在桌子上做个物理实验就可定夺的，而是从多年缜密、细腻的观察和历史中引出的结论。

自身经验的优势就是完全可靠和极其独特的，这样也就压倒了自身经验所产生的缺点，即自身经验的范围比较狭隘，其例子也不是人们都知道的。因此，我要各位首先查看自身的经验。他首先要观察自身，坦承自己的倾向和情欲、自己的性格缺陷和弱点、自己的恶习，以及自己的优点和美德——如果他有的话。然后，他再回想一下自己的父亲，那就不难在其父亲身上也察觉到所有上述那些性格特征。相比之下，他会时常发现母亲是很不一样的性格，与母亲在道德方面的吻合一致是极少有的，真出现这样的一致性的话，那也只是由于父母双方的性格碰巧一致而已。他就检查这些方面，例如，是否易怒、耐心、吝啬，或者挥霍、喜好肉欲，或者喜好暴饮暴食，或喜好赌博，是否铁石心肠抑或心地善良，诚实正直抑或虚假作伪，高傲自大抑或平易近人，勇敢抑或怯懦，和气抑或好斗，宽宏大量抑或怨恨记仇，等等，等等。然后，他就在他所精确了解其性格、其父母的人那里做同样的检查。假如他专心致志地检查，伴以准确的判断和坦诚的心态，那我们的论点就不可避免地得到了证实。例如，他就会发现不少人特有的撒谎倾向，在两兄弟那里同等程度地存在，因为他们从父亲那里遗传了这种撒谎的倾向。因此，喜剧《撒谎者和他的儿子》在心理学上是准确的。但在此，两个无法避免的局限是要注意的，也就是说，第一，父亲始终无法确定是谁。只有与父亲明确的身体上的相似性才能消除这一局限，而某种表皮上的相似是不足够的，因为之前的受精会留下某种影响；有时候由于这一影响，第二次婚姻生下的孩子仍会带有与第一任丈夫轻微的相似性，而通奸所生的孩子与法律上的父亲也有轻微的相似。这样的影响在动物那里可观察得更清楚。第二个局限就是，虽然父亲的道德性格在儿子那里出现，但却由于儿子获得了另一副不一样的、经常是相当不同的智力（遗传自母亲的素质）而有了修改——这样的话，就有必要修正所观察到的东西。这些修改根据那智力的差别可大可小，但却永远不会如此之大，以致经过了这些修改，父亲性格的基本特征就不会仍旧辨认得出来，他就好比穿上了一件完全陌生的衣服、戴上了假发和胡子现身。假如由于得之于母亲的遗传素质，一个人有了压倒性的理性装备，亦即有了深思熟虑的能力，那他遗传自父亲的情欲就会由于这理性而部分地收敛、部分地隐藏起来，因此就只会有条理地、按部就班地或者秘密地显露出来；这样，由此所产生的现象，就与头脑思想可能相当狭隘的父亲很不一样。与此相反的情形也同样可以发生。相比之下，母亲的倾向和情欲却完全不会在孩子的身上重现，很多时候甚至是相反的。

　　历史上的事例相对于私人生活中的例子的优势就是，历史的事例是人们普遍知道的，但相比之下，历史的事例当然由于有欠确实和由于所有流传下来的东西很多都遭受了歪曲而打了折扣，同时也因为历史的事例一般只包含公开的而不是私下的生活，因此就只包含国家的行为，而没有性格的细微展现。但我还是想通过几个历史事例来证明这正谈论到的真理。那些认真研究历史的人，毫无疑问，可以补充更多的同样有力的例子。

　　大家都知道，德西乌斯·穆斯英勇、慷慨赴死，把生命献给了祖国：他庄严地把自己和敌人奉献给了地下的神灵，裹着头颅猛地扎进了讲拉丁文的敌军里面。大约四十年以后，他的儿子，同样的名字，在与高卢人的战斗中，做出了一模一样的事情（《李维著作》，第8卷，6；第10卷，28）。因此，这是贺拉斯所说的一个很好的证明：勇、善之人也生下勇、善的后代——而相反的另一面，则是莎士比亚所说的：

　　　怯懦的父亲生下怯懦的孩子，卑鄙之人也生下卑鄙的
　　后代。

　　　　　　　　　　　　　　——《辛白林》，第4幕，第2场

　　早期罗马史向我们展示了一整个一整个的家族，其长串的家族成员都以为国献身的爱国热情和勇猛无畏而引人注目，例如法比乌斯家族和法布里西亚家族。再就是亚历山大

大帝嗜好权力、有征服欲，一如其父亲菲利普。相当值得注意的是尼禄的家谱——苏埃托尼乌斯（第4、5章）把这放在了他带着道德目的对这怪兽的描写之前。那就是克劳迪亚氏族——这在他的笔下，自6个世纪以来就在罗马兴旺发达，产生了纯粹行动性的、但却狂妄自大和残酷无情的男人。从这氏族产生了提比略、卡里古拉和最后的尼禄。在尼禄的祖父，尤其是在尼禄的父亲那里，就已经展现出了所有的可怕素质。而这些素质也只有在尼禄那里才得以充分形成和铺开，一是因为尼禄所处的高位让这些素质得以发挥，二是因为尼禄有了没有理性的狂女阿格里皮娜这个母亲：她无法给予尼禄智力以管束其情欲。因此，正是在这一意义上，苏埃托尼乌斯叙述说：在尼禄出生时，在朋友们给予父亲多米提乌斯良好的祝愿时，多米提乌斯所说的话就成了预言。他说，他和阿格里皮娜所生下来的不会是别的，只能是一头残忍的怪物和公共的祸害。相比之下，米太亚德的儿子客蒙和哈米尔卡的儿子汉尼拔，还有西庇阿家族，形成了一整个家族的保卫祖国的高贵者和英雄。但教皇亚历山大六世的儿子，恺撒·博尔吉亚，则令人恶心地活像亚历山大六世。那臭名昭著的阿尔巴公爵，其残忍和卑劣一如他的父亲。那狡猾、不公，尤其是以残忍刑罚和处决圣殿骑士而闻名的法国的菲利普四世，有一个名为伊莎贝拉的女儿，是英王爱德华二世的夫人。她忤逆其丈夫，并囚禁了他。在爱德华二世签下了退位诏书以后，将他投进监狱。因为将他虐待致死的企图并没有得逞，所以，就用上了一种手段做掉了他，其手段因太过令人厌恶而让我无法在此复述。那嗜血暴君和信仰保卫者，英格兰的亨利八世，有一个第一次婚姻所生的女儿，玛丽女王。玛丽女王以迷信、偏执和野蛮而出名，她因为多次焚烧异端而挣得了血腥的玛丽之名。亨利八世第二次婚生的女儿，伊丽莎白，则从其母亲安娜·博林那里继承了杰出的理解力。这让她无法容许迷信，也收敛了、但却并没有消除在她那里的父亲的性格，以致那性格不时地隐约显露出来，并在其残暴对待苏格兰玛丽女王的时候暴露无遗。范·根斯[1]根据马克斯·多纳图斯而讲述了这样一个苏格兰女孩：她的父亲就在这女孩还只有一岁的时候，由于当街抢劫和吃人肉而被烧死了；虽然这女孩在完全不一样的人群当中长大，但随着年纪的增长，在她那里也展现了对人肉的同样渴求；在满足她这渴求的当下被抓住以后，她就被活埋了。1821 年 7 月 13 日《直言报》，我们读到这样的报道：在奥布省，警察追捕一个年轻女子，因为她谋杀了两个本应送到育婴堂的孩子，目的只是把那留给孩子的不多的钱据为己有。警察终于在通往巴黎的路上的罗米伊附近找到了这溺死的女子，而她的谋杀者自首以后，原来就是她的亲生父亲。最后，在此还要提到最近的一些例子，因此只有报纸为此作证。在 1836 年 10 月的匈牙利，一个贝利茨奈伯爵被判了死刑，因为他谋杀了一个官员和重伤了他自己的几个亲属。他的哥哥在早些时候也因谋杀父亲而被判了死刑，而他的父亲

---

[1]《有关身体与生命、力量关系的辩论》，哈德诺夫，1789，§9。

也同样是谋杀犯（1836 年 10 月 26 日《法兰克福邮报》）。一年以后，那伯爵最小的弟弟也在那伯爵谋杀官员的同一条街上，对其财产的管理员开枪射击，虽然并没有击中（1837 年 9 月 16 日《法兰克福日报》）。1857 年 1 月 19 日《法兰克福邮报》，一封来自巴黎的书信报道了对一个非常危险的街道抢劫犯勒梅尔及其同伙的判刑，另还补充了这句话："这犯罪的倾向在他及其同伙的家族中似乎是遗传的，因为他们中的多人已死于绞刑架下。"[1]那罪案侦查年鉴里面肯定有不少类似的犯罪家谱。自杀的倾向则尤其是遗传的。

在另一方面，我们却看到杰出的马可·奥勒留有一个糟糕的儿子，康茂德。但这不会让我们困惑，因为我们知道福斯蒂娜是一个臭名昭著的荡妇。相反，我们要记住这样的情形，目的就是在类似的情形里推测出类似的原因。例如，多米提安千真万确就是提图斯的兄弟，这是我永远不会相信的，我宁愿相信维斯帕先是被戴了绿帽子的丈夫。

至于我所提出的基本原理的第二部分，亦即智力遗传自母亲，这比起第一部分享有普遍得多的承认，而第一部分就自身而言，那自由的意欲决定，那把两者分开来认定，是与单一和不可分的灵魂相矛盾的。这一古老和流行的词语，"天生的机智"[2]就已证明了人们很早就接受和肯定了这建立在对大大小小的智力优点的经验基础之上的真理，即具有

---

[1] 希腊人也知道这些类似的情形，这见之于柏拉图的《法律篇》中的一段。斯托拜乌斯，《希腊文选》，第 2 卷，第 213 页。
[2] Mutterwitz，字面上的意思直译是"母亲的机智"。——译者注

这些智力优点的人，其母亲都是智力相对出众的。但父亲的智力素质不会传给儿子，则由那些具有非凡才能的男人，无论是父亲还是儿子而得到证明，因为那些父亲或者儿子一般都是智力相当平庸的人，并没有父系的思想才能的痕迹。但假如这些多方证实了的经验体会，还真有个别的例外，例如，皮特和他的父亲查塔姆勋爵就提供了一个例外；这样，我们就可以、并且的确不得不把这归之于偶然，虽然这例子由于牵涉罕有的伟大才能，所以，就属于很不寻常的偶然事情。但在此却适用这一条规律：难以置信的事情永远不会发生，这说法本身就是难以置信的。此外，伟大的政治家（正如在第 22 章所提到的）之所以如此，既由于其性格素质，即透过其父亲的遗传，也由于其头脑的过人之处。而艺术家、文学家和哲学家，其成就也就是人们归之于真正的天才，我却不曾听闻有过相似的例子。虽然拉斐尔的父亲是一个画家，但并非一点都不是伟大的画家；莫扎特的父亲和儿子一样，也都是音乐家，但他却不是伟大的音乐家。但让我们不得不惊叹的是，命运给了这两个在各自领域的伟人只有相当短暂的生命，但命运就像是要做出补偿似的，也为此做出了这样的安排：让他们诞生在他们的工作间里，让他们不像其他天才那样通常都在年轻时虚耗一段光阴，而是从儿童期开始，通过父亲的言传身教，让其接受他们以后唯一从事的艺术所必不可少的指导。这种似乎引领个体人生的秘密和谜一样的力量，是我特别考察的课题，我在"论命运"（《附录和补遗》第 1 卷）中已写了出来。但在此还需指出，某些科学事业虽然要求具备良好的、与生俱来的能力，但那却不是真正稀有的和超乎寻常的能力，而努力追求、勤勉耐心、很早就开始和持之以恒地学习研究与多方反复练习才是主要的要求。由此，而不是因为从父亲那里遗传了智力，才可以解释儿子何以乐意走上父亲准备好了的道路，几乎所有的手艺职业何以在某些家族中得到传承，以及在某些对勤勉和坚持有着首要要求的科学中，某些家族能够接连产生出卓有成就的人。属于此类家族的有斯卡利杰家族、贝努利家族、卡西尼家族、赫谢尔家族。

证实智力的确遗传自母亲的证据数量本来会比所见的多很多——假如不是因为女性的性格和天职导致女人甚少公开表现其能力，因此，她们的能力并不曾成为历史而让后世得悉。除此之外，由于女性的本性和构造都较弱，这些能力在她们那里永远不会达致在良好的环境下，在其儿子身上所达致的程度。就那能力本身而言，在女性那里的发挥和成果我们需要以同样的比例予以更高的评价。据此，我手头上只有下面的例子可以证明我们的真理。约瑟夫二世是玛利亚·特蕾西亚的儿子。卡丹奴斯在《论生活本身》第三章中说，我的母亲以记忆力和聪明见称。卢梭在《忏悔录》第一部写道，我母亲的美丽、她的智力、她的才能——对她那样的地位来说，有着太过闪耀的才华，等等，然后提供了她写的一组极可爱的对句。达兰贝尔是克劳汀·德·唐森的非婚生儿子，那是一个具有优异智力的女人，是有多部小说和类似作品的作家，其作品在当时获得了很大的赞誉，时至今日据说仍然值得一读（参看《文学消遣》，1845年3月，第71—73期有关唐森的传记）。至于布封的母亲是一个杰出的女性，下面取自埃罗·德·塞舍尔的《蒙巴游记》中的一段话可以证明，而这是由弗卢朗的《布封所做的工作》第288页提供的：布封持这样的假说：小孩一般都从其母亲那里遗传了他们的智力和道德素质。在布封谈论起这一假说时，他当场把这假说套用在其身上，盛赞其母亲：她事实上很有思想，有广泛的知识，思考相当地有条理。至于布封错把道德素质与智力素质连在一起，那要么是叙述者犯了错，要么是因为布封的母亲意外地与布封及其父亲具有同样的性格。与此相反的却是无数的母亲与儿子性格相反冲突的情形，所以，在《俄瑞斯忒斯》和《哈姆雷特》中，最伟大的戏剧作家表现了母亲与儿子敌对的矛盾冲突，而儿子则作为父亲的道德的代言者和复仇者而出现。而与此相反的情形，即儿子作为母亲的道德代言者和复仇者而出现，则是让人恶心的，同时也是可笑的。这都是因为父亲与儿子的确具有同一性，那就是意欲。但母亲与儿子之间则只是智力上同一，并且就算是在智力上，也是有一定条件的。母亲与儿子之间可以存在巨大的道德上的差距，在父亲与儿子之间则只有智力上的差距。从这一角度审视，也可看出萨利克法的必要性：女性无法延续宗族。休谟，在其简短的自传里面说：我们的母亲是一个异常有才的女人。在 F. W. 舒伯特写的最新传记中，是这样评论康德的母亲的："根据她儿子亲身的判断，她是一个有着极佳天然理解力的女人。在她那时候，很少给女孩受教育的机会，但她却很有学识，后来自己也更进一步地学习。在散步的时候，她让儿子注意到大自然各种各样的现象，并试图用上帝的能力予以解释。"歌德的母亲是多么的明理和有见解，现在已是人们都知道的。在文学界她为人们津津乐道，但歌德的父亲却根本无人提起。歌德本人把他描述为一个才具次一级的人。席勒的母亲对诗歌很有感受力，并且自己写诗，其中某一片段可见之于施瓦布写的《席勒传记》。比尔格，这个在德国诗人中或许应占有歌德之后第一个位置的真正诗歌天才，因为与他的诗歌相比，席勒的诗歌显得冷冰冰兼具斧凿的痕迹。比尔格就其父母给了对我们来说很有意义的信息——比尔格的朋友和医生，阿尔特霍夫，在1789年出版的传记中，重复了这些话："比尔格的父亲虽然依照当时学习的模式装备了多方面的知识，并且是一个善良、正直的人，但他如此喜爱宁静的舒适和抽上几口烟斗，他就像我朋友经常说的，在真的要花费一刻钟在儿子的功课上之前，他就始终要先'助跑'一下。他的妻子是一个有着异常的思想素质的女人，但却由于没有得到什么教育，以致不曾学过像样的书写。比尔格认为假如他母亲能有足够的学习，就会成为其女性性别中声名最显赫者，尽管比尔格也多次对其母亲的道德性格中不同的特质表示了强烈的不满。尽管如此，他相信从其母亲那里遗传了某些思想天赋，但从父亲那却遗传了与父亲道德性格的一致性。"瓦尔特·司各特的母亲是一个诗人，与她那时代的才智之士有着联系，正如在英国《环球》报的忌日册上有关瓦尔特·司各特所报道的。她的诗歌在 1789 年印刷出版了，这是我在一篇登在布洛豪斯编辑的《文学消遣》（1841 年 10 月 4 日）中名为"天生的机智"的文章中发现的。文章中列出了长串名人的有思想的母亲的名单，我就从其中只挑出两个："培根的母亲是一个出色的语言学家，写作和翻译了多种著作并显示了这多方面的学问、眼光和趣味。布尔哈夫的母亲则以医学知识见长。"在另一方面，哈勒为我们保留了很多从母亲那里遗传了糟糕的智力的强有力证据，他列举了：从一个贵族家庭出来的两姐妹，尽管接近白痴的程度，但却由于富有而找到了丈夫。正如我们所知道的，这一疾病的种子自一个多世纪以来渗进了至为显赫的家族，以致他们所有的后代，直至第四代，甚至第五代人，也仍然是有点低能的。（《人体生理学原理》，29，§8）也根据埃斯基罗尔所述，疯狂通常都遗传自母亲而不是父亲。但如果这是遗传自父亲的，那我把这归之于性情气质的作用所致。

从我们的这个基本原理似乎可以推论：同一个母亲的儿子有着同样的思想能力，而如果其中之一思想能力禀赋很高，那另一个也必然同样如此。有时候是这样的情况，例子就是卡拉奇、约瑟夫·海顿和迈克尔·海顿、伯恩哈德·隆贝格和安德烈亚斯·隆贝格、乔治·居维叶和费里德里希·居维叶。我本还想补充舒莱格尔兄弟的，假如弟弟费里德里希·舒莱格尔不是在其晚年因与亚当·穆勒一道推行可耻的蒙昧主义，而使得自己不配与其杰出的、无可挑剔和至为出类拔萃的兄弟——奥古斯特·舒莱格尔——并称。这是因为蒙昧主义是一种罪恶，或许针对的不是圣灵，但针对的却是人的精神思想。所以，我们永远无法予以原谅的，是与那些犯有这些罪行的人永远难以调和，利用每一个机会鄙视他们，他们生时是这样，死后也如此。但上述的推论也同样经常与实情不符，例如，康德的弟弟就是一个相当平庸的人。为解释这一点，我回想起在第31章所论述的天才的生理学方面的条件。这不仅需要一副异常进化的、绝对符合目的而形成的脑髓（母亲的遗传素质），而且也需要相当有力的心脏搏动去鼓动这一脑髓，亦即需要主体的某一狂热的意欲，某一活跃的脾性，而这是遗传自父亲的素质。不过，这只有在父亲最精壮的时候才处于高峰，母亲则衰老得更快。据此，高禀赋的儿子，一般来说，是在父母年富力强的时候所生的长子。而康德的弟弟比康德年轻了11岁。在两个杰出的兄弟中，哥哥也更为优异。但在生殖时，不仅父母的年纪，其实，父母生命力的短暂衰弱或者健康出现问题，都会削弱了父亲或者母亲的作用，阻扰了那卓越才华的现象，而这一现象也正因此是特别稀有的。顺便一说，在孪生子那里上述的差别取消了，原因是他们的本质的准同一性。

假如出现个别的情形：一个禀赋很高的儿子，其母亲并非思想出色，那就可以这样解释：这个母亲本身有着一个迟钝、冷漠的父亲，因此，她那尤其发达的脑髓就不曾透过相应的血液循环的能量而恰如其分地兴奋起来。这一要求是我在前面第31章阐述过的。虽然如此，母亲极完美的神经和脑髓系统仍遗传给了儿子，而在儿子那里，加上一个活泼的、激情的、具有有力脉搏的父亲——只有这样，伟大思想能力的另一个身体条件才算出现了。或许这就是拜伦的情形，因为我们在哪里都找不到他的母亲的智力优势。这同样的解释可应用在这样的情形中：一个天才儿子的母亲有着杰出的思想禀赋，但这母亲本人却不曾有过一个思想丰富的母亲，因为这位母亲的父亲是个迟钝、冷漠的人。

大部分人的性格中都有不和谐、不一致和摇摆不定的特性，或许可由此找到根源：个体并非有着简单的起源，而是从父亲那里继承了意欲，从母亲那里继承了智力。父母双方越是彼此不同，越是彼此不相适合，那孩子性格里面的不和谐和内在冲突就越厉害。一些人以心见长，另一些人则头脑更加的优秀，但此外也还有这样的人：他们的优点就只在于其本质中的某种程度的和谐和统一，而这些则由于他们的心和脑如此高度地互相适宜，以致互相扶持和彼此衬托。这不由得让人猜测他们的父母彼此特别的适宜、和谐、一致。

在此所阐述的理论就其生理学方面，我只想说伯尔达哈错误地认为那同样的精神心理的素质有时遗传自父亲，有时则遗传自母亲，但却（《作为经验科学的生理学》，第 1 卷，第 306 页）补充说："总体看来，男的在决定肌肉生命方面发挥着更多的影响，女的则在情感方面有着更多的影响。"林奈在《自然体系》第 1 卷，第 8 页所说的也是这个意思：

　　　　有生殖力的母亲在生殖前，会产生一个完全像她的、新动物的、活的、髓状的总纲，这被称为马尔皮基氏隆线，与植物的胚芽相类似。在生成以后，心就并入这马尔皮基氏隆线，以让其衍生。这是因为鸟类孵化的蛋卵中的凸点，在开始的时候展现出一个颤动的心和与髓体一起的脑髓：这个小小的心脏在寒冷之下是静止不动的，但透过温暖的气息就会被刺激活动起来，并利用一个逐渐膨胀的气泡把液体沿着液体的管道推压。生命体当中的活力点就好比是生命从首次生成就开始持续进行的髓类衍生，因为那蛋卵就是在母亲那里的一个髓类芽体：这芽体从一开始就是活着的，虽然其独立的生活只是与来自父亲的心脏一道才开始的。

假如我们把在此获得的确切见解，即性格遗传自父亲和智力遗传自母亲，联系起我们在这之前所考察的大自然在人与人之间，无论在道德方面还是在智力方面所定下的巨大差距，还有我们所认识到的人无论性格还是思想能力都是完全无法改变的事实，那我们就将得出这样的观点：要真正和彻底改良人类，那与其从外在还不如从内在以达到目的，亦即与其通过教导和培养的手段，还不如通过生殖的途径。柏拉图早就有过这一意义上的想法，因为他在《理想国》第5部分就阐述了增加他的战士阶层，使其变得高尚的奇妙计划。假如人们可以给所有的坏蛋去势，让所有的蠢鹅待在修道院里面，让高尚性格的人士妻妾成群，让所有具有思想和理解力的女性获得男人，而且是完整的男人，那很快就会出现一代人，其展现的时代就会更胜伯里克利时代一筹。我们可以不同意这样的乌托邦计划，但却可考虑这一点：如我没搞错的话，假如在某些古老的民族当中，去势的确就是排在死刑之后最重的刑罚，那这世界就会免去了坏蛋的整个谱系。这是相当稳妥的，因为众所周知，大部分的罪案都是在20—30岁时发生的。[1]同样，在结果方面，可以考虑这样的做法是否更有成效：把在某些场合和时候要公开分配的嫁妆，不再授予据称是最有美德的女子，就像现在所习惯做的那样，而是授予最聪慧和最有思想的姑娘，尤其是因为对美德的判断是相当困难的，因为正如人们说的，只有上帝才能看到人的内心。能让高贵的性格暴露出来的机会是很少的，是听任于偶然的。此外，不少姑娘的美德会得到其丑陋样貌的有力支撑。而鉴别聪慧的头脑，那些本身就禀赋聪慧的人在经过一些检验以后就能得出确切的判断。另外一个实际应用上述观点的做法如下。在许多国家，甚至在德国南部，流行着这样糟糕的风俗习惯：女人把重物，并且经常是相当重的东西放在头上。这对脑髓必然有着不良的影响。这样的话，民族中的女性的脑髓就逐渐退化，而既然男性是从女性那接受脑髓的，那整个民族就变得越发愚蠢。这种习惯做法，在许多情

---

[1] 利希滕贝格在《杂文》（哥丁根，1801，第2卷，第447页）中说："在英国，有人提议给偷窃者以阉刑。这提议并不让人反感：这刑罚是非常严苛的，会让人受到鄙视，但却仍然可以做买卖和工作；假如偷窃是遗传的，那偷窃就不会继续遗传下去。勇气也就减弱了，并且因为性欲是如此频繁地诱使人们盗窃，所以，这一诱因也就消失了。但说女人会更加热切地制止其丈夫偷窃，则是恶作剧的说法，因为根据现在的情形，她们正冒着完全失去他们的风险。"

况下是根本没有必要的。据此，革除这一习惯就会在总体上增进这民族的智力。而这就将是民族财富的极大增加。

但现在，假如我们把诸如此类的实际操作留给其他人，回到我们特有的，亦即伦理和形而上的角度，把现在的这些与第41章的内容连接起来，那下面的结果就将展现在我们的面前；而这一结果，尽管其种种的超验性，却有一个直接的、有经验依据的支撑。那是同一个性格，亦即同一个个体确定了的意欲，活在源自一个氏族的所有后裔、活在源自一个男祖先一直到现在的长子和继承人那里。不过，每一个后裔都被给予了另一种智力，亦即另一种程度和另一种方式的认识力。这样，在每一个后裔那里，生活都向其展现生命的另一面和展现在另一种光线之下。他也就获得了对生活的一个新的基本观点，一个新的启发。当然，因为智力随着个体而熄灭，所以，那个体意欲不可以利用另一生的领悟来直接补充完整这一生的领悟。不过，由于获得了对生活的新的基本观点——而这每一个新的观点也只有一个更新了的人才会给予意欲——他的意欲活动本身也就获得了一个不一样的方向，因而就以此经受了某种修改；最重要的是，在这新的方向上，他就要重新去肯定生活，或者去否定生活。由于两性生殖必然性的自然安排，某一意欲与某一智力就持续变换地结合——这就成了解救规则和秩序的基础。这是因为由于这一安排，生活（生命）就不停地把新的一面转向意欲（这生活就是意欲的映照和镜子），就好比不间断地转换着让意欲看到，给意欲尝试着越发不一样的审视和思考方式，好让他在这每一种的审视和思考方式之下，选择要肯定还是否定，而这两种选择始终摆在他的面前。只不过一旦选择了否定，那整个现象就会随着死亡即对他而言停止了。那么，据此，因为智力的不断更新和完全的改变，作为一种新的世界观为意欲敞开着解救之路，但智力又来自母亲，所以，这可能就是为何所有的民族（除了相当少的、并的确是可疑的例外）都憎恶和禁止兄弟姐妹间结婚的深层原因，他们之间也的确不会产生爱情——除非那是极少见的、违反自然的变态的性欲所致，要么并非亲生兄妹。这是因为从一对兄妹那里除了生出只是同一个意欲伴以同一个智力以外，不会还有其他别的，正如这两者在父母那里已经结合存在了，因而就是毫无希望地重复已经存在的现象。

但假如我们通过个别的和接近的情形，正视人们性格当中那种难以置信的巨大和明显的差别，发现这一个人是那样的善良、对人友好，而另一个人却如此恶毒、残忍；再就是，看到一个人是正直、诚实和坦率的，而另一个人却完全是虚假、奸诈的，是一个伪君子、骗子、叛徒和无可救药的恶棍，那在我们面前就敞开了审视的深谷，因为我们对这样的差别的起源会百思不得其解。印度教和佛教解答此难题的说法就是："这是前生的所作所为得出的结果。"这种解答虽然是最古老的，也最容易理解和出自人类中的最有智慧者，但却只是把难题更往后推了而已。但比这更让人满意的解答却是很难找到的。从我的学说的角度看，我还可说的就是：在此，说起作为自在之物的意欲，仅作为现象形式的根据律就再也派不上用场了，与这根据律一道的所有的为什么和从哪里来也就一并消失了。绝对的自由的意思恰恰就在于某样东西是一点都不会受制于作为一切必然性原理的根据律。这样一种自由因此就只属于自在之物，而这自在之物恰恰就是意欲。据此，意欲是在其现象当中，因而也就是在其发挥、运作时，受制于必然性；但在"存在"、在其抉择了作为自在之物的时候，意欲是自由的。因此，只要我们涉及存在（*Esse*），正如在此所发生的情形，那所有通过根据和结果的解释就都行不通了，而我们除了这说法以外，就再没有什么可说的了：在此表现出来的属于意欲的真正的自由——只要它是自在之物的话；也正因此，它是没有理由的，亦即不知道为什么。但也正因此，我们所有的理解在此就停止了，因为我们一切的理解都是建立在根据律的基础之上，所谓的理解就只在于运用根据律而已。

图书在版编目(CIP)数据

叔本华科学随笔/(德)叔本华
(Arthur Schopenhauer)著;韦启昌译. —上海:上
海人民出版社,2023
ISBN 978-7-208-16555-7

Ⅰ.①叔… Ⅱ.①叔…②韦… Ⅲ.①叔本华(
Schopenhauer,Arthur 1788-1860)-文集 Ⅳ.
①B516.41-53

中国版本图书馆 CIP 数据核字(2020)第 119166 号

责任编辑 任俊萍
封面设计 南房间

叔本华科学随笔
[德]叔本华 著
韦启昌 译

出　　版　**上海人民出版社**
　　　　　　(201101　上海市闵行区号景路 159 弄 C 座)
发　　行　上海人民出版社发行中心
印　　刷　上海商务联西印刷有限公司
开　　本　635×965　1/16
印　　张　16.5
插　　页　2
字　　数　160,000
版　　次　2023 年 5 月第 1 版
印　　次　2023 年 5 月第 1 次印刷
ISBN 978-7-208-16555-7/B·1484
定　　价　58.00 元

根据德国莱比锡 Insel 出版社
Sämmtliche Werke in fünf Bänden，
Band Ⅱ & Band Ⅳ 翻译